KB273208

미국·일본 해외 펜팔 가이드

해외펜팔연구회 편

太乙出版社

첫머리에

이 책은 젊은 세대를 위해 만들어진 해외 펜팔 가이드 북이다. 외국의 친구들에게 편지를 쓰는 요령과 그들의 의식구조, 생활 관습 등을 알기쉽게 나타냄으로서 어느 날 갑자기 주어지게 될지도 모를 외국 친구를 갖게되는 기회를 놓쳐버리지 않도록 편지쓰는 법(영어·일본어)을 충분히 익힐 수 있게 하였다.

이 책에서는 주로 미국에 있는 친구(또는 영어를 사용하는 나라에 살고 있는 친구)에게 영어로 편지를 쓰는방법을 자상하게 다루었다. 그러나 편지의 예문은 영어와 일어로 나타내어 이 책 한 권으로 일석이조의 학습효과를 얻을 수 있도록 하였다.

이제 세계는 바야흐로 하나의 마을로 축소되어 가고 있다. 하나의 땅덩어리에 살고 있다는 현실감이 피부에 와 닿을 만큼 세계는 좁아지고 있다. 언어와 풍습이 각기 다른 나라의 사람들이 정치적·경제적으로뿐만 아니라 사회적·개인적으로도 상호 교류를 확대해 나가고 있다.

이러한 시대적 조류에 발맞추어 새로운 교본으로서 발행되는 이 책이 꿈과 용기를 가진 이 땅의 젊은이들에게 작은 도움이라도 되었으면 한다. 언어와 풍습의 장벽을 뚫고 진지하게 나누는 사랑의 대화는 보다 희망에 찬 미래를 보장해주는 디딤돌이 될 수도 있을 것이다.

그럼 독자 여러분의 앞날에 싱그러운 꿈이 가득하길 빌면서……

해외펜팔연구회 씀.

그럼 독자 여러분의 앞날에 싱그러운 꿈이 가득하길 빌면서……

미국·일본 해외 펜팔 가이드 차 례

한국의 친구들에게 ——————————— 13
To our friends in KOREAN
韓國のお友達へ

실마리를 잡는 방법 ——————————— 17

편지지와 편지봉투 고르는 방법 ——————— 18

편지봉투 쓰는 방법 ——————————— 21

수신자 이름과 주소 쓰는 방법 ——————— 22

   ① 그림 엽서

   ② 항공 우편(Aerogramme)

   ③ 봉투

   ④ 선물을 보낼 때

러브레터의 형식 ——————————— 25

   ① 날짜

   ② 부르는 말

   ③ 본문

   ④ 맺음말

CHAPTER 1 ♠♠♠♠♠♠♠♠♠♠♠♠♠♠♠♠♠

민호와 리디아
MINHO & LYDIA ミンホとリディア

민호는 디스코텍에서 만난 리디아에게 편지를 썼다 —— 40

  Ⅰ MINHO Writes a letter to Lydia whom he met at a disco

  ミンホはディスコで會ったリディアに手紙を書く

리디아는 디스코텍에서 다시 한번 민호와 만날 것을 약
속합니다 ───────────────────── 45
　Ⅱ Lydia promises to meet MINHO again at the disco
　リディアはディスコでもう一度ミンホに會うことを約束する

민호는 리디아를 사랑하게 된다 ──────── 48
　Ⅲ MINHO fell in love with Lydia
　ミンホはリディアに戀をしてしまった

리디아는 민호를 Senior Prom에 초대한다 ───── 53
　Ⅳ Lydia invites MINHO to the senior prom
　リディアはミンホをシニアー・プロムにさそう

민호는 리디아에게 열중한다 ───────── 62
　Ⅴ MINHO loves Lydia even more
　ミンホはリディアに夢中になる

리디아는 민호에게 좋은 친구관계로 지내자고 전한다
────────────────────────── 69
　Ⅵ Lydia asks MINHO to remain as a good friend
　リディアはミンホに良り友人關係にとどめておきたりと傳之
え

민호는 리디아의 기분을 이해하려고 노력한다 ─── 75
　Ⅶ MINHO tries to understand Lydia's feeling
　ミンホはリディアの氣持をわかろうと努力する

리디아는 민호에게 미국 유학을 권한다 ───── 82
　Ⅷ Lydia encourages MINHO to study in the United States
　リディアはミンホにアメリカ留學をすすめる

민호는 리디아에게 발렌타인 카트를 보낸다 ──── 89
　Ⅸ MINHO sends a Valentine card to Lydia
　ミンホはリディアにバレンタイン・カードを送る

리디아는 민호에게 발렌타인 카드의 감사를 한다 —— 96
　Ⅹ Lydia sends MINHO a thank-you note for the Valentine Card
　リディアはミンホにバレソタイン・カードの禮をいう
민호는 리디아에게 예일대학에 가게 된 것을 알린다 — 103
　ⅩⅠ tells Lydia that he is going to Yale University
　ミンホはリディアにエール大學に行くことを知らせる
리디아는 민호에게 다시 만날 것을 약속한다 ———— 110
　ⅩⅡ Lydia promises MINHO that they will meet again
　リディアはミンホに再會を約束する

CHAPTER 2 ♠♠♠♠♠♠♠♠♠♠♠♠♠♠♠

광수와 크리시
KWANG SOO & Chrissy　　光洙とクリッシ

크리시가 윈드서핑 챔피온인 광수에게 편지를 쓴다 —— 118
　Ⅰ Chrissy writes to KWANG SOO a Windsurfing champion
　クリッシーガウインドサーフィンチャンピオンの光洙に手紙
　を書く
광수는 크리시에게 전화를 건다 ——————— 126
　Ⅱ KWANGSOO calls chrissy
　光洙はクリッシーに電話をかける
광수는 크리시를 매우 좋아하게 된다 ————— 134
　Ⅲ KWANGSOO finds chrssy very attractive
　光洙はクリッシきを大戀好きになる
크리시도 광수에게 호의를 갖는다 —————— 142
　Ⅳ Chrissy likes KWANGSOO, too

クリッシーも光洙に好意をもつ
광수는 크리시에게 열중한다 —————————————— 148
　　Ⅴ KWANGSOO is crazy about chrissy
光洙はクリッシーに夢中になる
크리시는 광수가 매력적인 사람이라고 생각한다 ——— 156
　　Ⅵ Chrissy thinks KWANGSOO is a nice person
クリッシーは光洙ガ魅力的な人だと思う
광수는 크리시를 하와이 여행에 이끈다 ——————— 164
　　Ⅶ KWANGSOO asks Chrissy to go to Hawaii whth him
光洙はクリッシーをハワイ旅行にさそう
크리시는 광수에게 하와이에서 편지보낼 것을
청한다 —————————————————————————— 172
　　Ⅷ Chrissy asks KWANGSOO to write from Hawaii
クリッシーは光洙にハワイからの手紙を賴む
광수는 크리시에게 하와이에서 엽서를 보낸다 ——— 176
　　ⅠⅩ KWANGSOO sends Chrissy a postcard from Hawaii
光洙はクリッシーにハワィからはがきを送る
하와이에 있는 광수가 마음에 걸리는 크리시 ——— 181
　　Ⅹ Chrissy worries about KWANGSOO in Hawaii
ハワイにる光洙が氣にかかるクリッシー
광수는 크리시에게 우정의 반지를 보낸다 ———— 186
　　ⅩⅠ KWANGSOO gives Chrissy the friendship ring
光洙はクリッシーにフレンドシップ・リングを贈る
크리시는 광수로부터의 우정의 반지에 기뻐한다 ——— 194
　　ⅩⅡ Chrissy accepts the friendship ring from KWANGSOO
クリッシーは光洙からのフレンドシップ・リングに喜ぶ

CHAPTER 3 ♠♠♠♠♠♠♠♠♠♠♠♠♠♠♠♠♠

마이크와 순자
MIKE & SOONJA   マイクと順子

순자가 마이크에게 처음으로 편지를 쓴다 ——————— 200
   Ⅰ SOONJA writes Mike her first letter
순자からマイクへの初めての手紙

순자에게 마이크는 답장을 보낸다 ——————— 207
   Ⅱ Mike answers SOONJA letter
順子へのマイクの返信

마이크는 첫 러브레터를 순자에게 보낸다 ——————— 212
   Ⅲ Mike writes his first love letter to SOONJA
マイクは初めてのラブレター順子に送る

순자는 드라이브 가자는 마이크의 권유를 받아들인다 ——————— 217
   Ⅳ SOONJA accepts Mike's invitation to go driving
順子はドライブに行こうというマイクのさそいを受ける

마이크는 순자에게 사랑의 고백을 한다 ——————— 222
   Ⅴ Mike tells SOONJA that he loves her
マイクの順子への愛の告白

순자는 마이크가 남산에 가자고 한 것을 거절한다 —— 227
   Ⅵ SOONJA declines Mike's invitation to go to Namsan
順子はマイクの南山へ行こうというさそいをことわる

부　록 ♠♠♠♠♠♠♠♠♠♠♠♠♠♠♠♠♠♠

도움이 되는 사랑의 표현 이것저것
Useful words and Expressions
役に立つ愛の表現あれこれ

Ⅰ SALUTATIONS(편지의 인삿말) ——————— 231
Ⅱ EXPRESSIONS OF LOVE(사랑의 표현) ——————— 232
Ⅲ ADMIRATION AND FIATTERY(칭찬의 단어) ——————— 237
Ⅳ CIOSING(편지의 맺음말) ——————— 238

한국의 친구들에게
TO OUR FRIENDS IN KOREAN

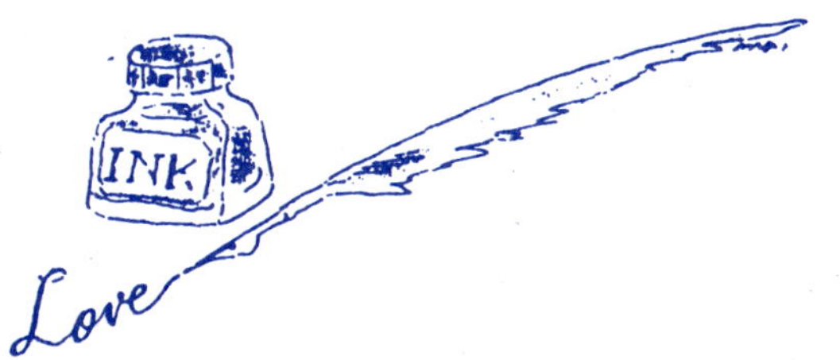

TO OUR FRIENDS IN KOREAN

우리 자매는 한국인 어머니와 미국인 아버지 사이에서 태어났습니다. 우리들은 태어나면서부터 한국과 미국, 그리고 일본 세 개의 문화·관습 속에서 자라났습니다. 현재 미국의 대학에 다니고 있지만 두 사람 모두 한국에서 태어나 어린 시절을 한국에서 보냈고 가까운 나라 일본에도 자주 놀러 갔었기 때문에 영어도 한국말도 일본어도 O·K. 미국에도 한국에도 일본에도 멋쟁이 보이 프랜드가 많고 매년 여름 방학이면 고국의 할머니 할아버지 댁에서 지냅니다. 또한 방학때면 으레히 일본에도 놀러갑니다. 그리고 더욱 즐거운 일은 여름 방학이 끝나 학교에 돌아와 새로 사귄 보이 프랜들과 편지를 교환하는 일입니다. 그런데 때때로 한국이나 일본 남자 친구들로부터 엉망진창인 편지를 받는 경우가 있습니다. 분명히 영어 사전을 펴놓고 열심히 썼을 것이지만 안타깝게도 단어를 나열해 놓은 것에 지나지 않거나 한국어나 일본어를 그대로 영어로 직역한 편지에 지나지 않는 것입니다.

여러분께도 외국의 멋진 친구들이 한두 명은 있겠지요? 그리고 해외 여행의 기회도 앞으로는 더욱 많아질 것이고요. 여행지에서 만난 잘생긴 남자 친구나 푸른 눈의 금발여자 친구들과 귀국 후에도 다시 만날 날을 꿈꾸며편지를 나누게 될 것입니다.

.국 친구들에게

　　그러나 사전에만 의지하며 사랑의 편지를 쓰다가는 엉뚱한 내용이 될 수도 있는 것입니다. 그러면 여기서 잠시 에피소드를 소개하지요.

1

　　어떤 젊은이가 캘리포니아 대학에 놀러 갔을 때 대학 안을 소개해 준 백인 여자 대학생 캐롤라인을 좋아하게 되었습니다. 몇번 데이트를 한 다음 한국으로 돌아와 그녀에게 '앞으로도 계속 교제해 주세요' 라는 생각으로 편지를 썼습니다.

　　그런데 그는 'I want to have intercourse with you.' 라고 썼던 것입니다. 캐롤라인은 깜짝 놀라 나(Lydia)에게 전화를 하여 '한국 남자들은 정말 예의가 없구나!

나와 인터코스를 하고 싶다니 !!' 라고 하는 것이 아닙니까? 나는 웃음을 터뜨리고 말았습니다.

캐롤라인은 점점 더 화를 냈던 것입니다. 왜 그랬는지 아십니까?

사실 '교제' 라는 말을 직역하면 영어로 'intercourse' 가 됩니다. 그러나 특히 남녀 관계에서 intercourse 라는 말을 사용하면 'sexual intercourse' 〈성교(性交)〉라는 의미가 되는 것입니다. 캐롤라인이 화를 낸 것도 무리는 아니지요.

한국 여성이 이런 실수를 하면 외국남성들이 어떻게 생각하겠어요?

2 ________________

친구 마이클에게 한국 펜팔친구로부터 '하와이에 가게 되었습니다. 처음으로 만나볼 수 있게 되어 매우 기대하고 있습니다. 아무쪼록 잘 부탁합니다' 라는 편지가 왔습니다. 마이클은 편지를 보여주면서 히쭉히쭉 웃었습니다. 그가 손가락으로 가리킨 문장을 보면 'please take care of me very good.' 이라고 되어 있었습니다. 그녀의 입장에서 보면 '잘 부탁합니다'라는 의미로 쓴 것이겠지요. 그러나 미국인의 입장에서 보면 '끝까지 저를 돌봐주셔요'가 되지요. 이 말 역시 뜻밖의 오해를 불

러 일으킬 수가 있는 것입니다.

이와같은 오해를 일으키지 않도록 러브 레터(Love letters) 쓰는 방법을 공부해야 하는 것입니다.

실마리를 잡는 방법

한국의 젊은이들은 모처럼 멋진 외국인을 만나도 주소를 묻는 것이 어려워 아뿔싸! 하고 생각하는 경우가 많지요? 그러면 어떤 방법으로 자연스럽게 어드레스(주소)를 물을까 가르쳐드리지요.

① 여행지에서 멋진 사람을 만나면 사진을 함께 찍어 그것을 구실(Excuse)로 하여 이런 식으로 묻습니다.

I'd like to send you this picture. Could you please give me your address?

(이 사진을 보내드리고 싶습니다. 당신의 주소를 가르쳐 주십시오.)

② 비행기 안에서 옆에 앉은 멋진 사람에게는

You were very kind to me. I enjoyed talking with you. I want to send you a token of my appreciation. Please give me your address.

(당신은 매우 친절한 분이시군요. 말씀을 나누어 매우 즐거웠습니다. 감사의 표시를 보내드리고 싶습니다. 당신의 주소를 가르쳐 주십시오.”

③ 디스코를 추며 즐겁게 놀았던 그녀에게는
I want to you a small present as a token of our friendship. Could you please give me your address ?
(우정의 표시로 작은 선물을 보내고 싶습니다. 주소를 가르쳐 주시지 않겠습니까 ?)
이렇게 말하면 ‘주소 따위 알려주고 싶지 않아요’ 라고 거절하지 않고 분명 기꺼이 주소를 알려 줄 것입니다. 처음 만난 사람에게 주소를 물을 때는 이와 같은 이유를 붙여 자연스럽게 물어야 하는 것입니다.
그러면 이처럼 해서 주소를 알게 된 다음에는 어떻게 편지를 나누어야 할까요 ? 이제부터 설명하는 것과 예문을 보고 여러분이 실제로 러브 레터를 써 보셔요.

편지지와 편지 봉투 고르는 방법

자신의 Love 표현을 도와줄 수 있는 편지지나 편지 봉투를 골라야 하는 것은 당연하지요. 여성은 장미 모양의 것이나 주위에 엷은 핑크빛 장미 모양이 박힌 것을 선택하는 것이 최고입니다. 왜냐하면 장미는 사랑의 꽃이기 때문입니다. 어린 숙녀에게는 작은 것이 적합합니다.
남성이라면 남성다움과 성실함을 느낄수 있는 엷은 블루가 좋겠지요. 학생이면 자신의 학교 마크나 글씨가

새겨진 것을 사용하는 것도 좋지만 회사의 이름이 새
겨진 편지지나 편지 봉투는 사용하지 마십시오. 단 여
행지에서는 묶고 있는 호텔의 편지지와 편지 봉투를
사용하여도 괜찮을 것입니다. 그러나 여행이 끝난 지
한참이 흐른 뒤에 그런 것을 사용하지 않도록 주의합
니다. 해외 여행을 하고 있을 때에는 비행기 안에서 항
공 회사의 편지지와 편지 봉투(미리 좌석 주머니에 준
비해 두는 회사도 있습니다)로 방금 헤어진 연인에게
'I wish you were with me !' ♥

 (당신과 함께였더라면 좋았을 텐데…)라고 써 보내
셔요. 보통 LOVE LETTER에는 엽서는 사용하지 않지
만 여행하고 있을 때는 가는 곳마다 그곳의 그림엽서
를 사서 짧게 메모하여 매일 보내도 좋겠지요. 그 때도
I wish you were with me…를 넣도록.

 여행지에서 보내는 편지는 쓴 다음 곧 보내도록 하
셔요. 그리고 반드시 Air Mail로 보내셔요. 귀국한 다음
에 편지가 도착하지 않도록.

 해외로의 편지는 보통은 빨강과 파란색으로 줄이 쳐

진 편지 봉투를 사용하지만 보통 편지 봉투를 사용할 때는 반드시 'Via Air Mail' 이라고 알아보기 쉽게 가능하면 빨강 잉크로 쓰던가 스템프로 찍도록 하십시오. 만일 선물을 해외로 보낼 때는 미리 편지나 엽서로 'I am sending you a box of gift by sea mail' (선물을 배편으로 보냅니다.)라고 쓰거나 'I have sent you a birthday present by sea mail. I hope you will receive it on your birthday.' (생일·선물을 배편으로 보냈습니다. 당신의 생일날에 닿으면 좋겠습니다만) 이라고 한마디 알려 두는 것이 좋겠지요.

편지지와 편지 봉투를 고른 다음에는 이제 드디어 편지를 쓰는 것입니다. 타이프를 잘 치는 사람이라도 러브 레터는 손으로 써야 합니다. 글씨는 서툴더라도 마음을 담아야 하는 것입니다.

어머니의 친구가 젊었을 때 미국의 걸프랜드에게 러브 레터를 타이프로 쳐서 보냈다가 그녀에게 거절당했다고 합니다. 글씨를 잘 쓰고 못 쓰고에 관계없이 러브 레터를 받는 입장에서 쉽게 읽을 수 있도록 반듯하게 글씨를 쓰고 반드시 사전을 찾아 보도록하고요. 그리고 틀린 것이 있을 때는 지우거나 V자로 끼워 넣거나 하지 말고 다소 번거롭더라도 새로 쓰는 것이 좋습니다. 깨끗하고 읽기 쉽게 쓰는 것은 펜팔의 에티켓입니다. 그리고 또 한가지 에티켓은 여러가지 색의 펜을 사용하지 않는 것. 연필, 매직 등은 사용하지 말고 검은색 또는 청색 잉크로 사용하십시오. 도중에 잉크가 떨어져 색을 바꿔야 할 때는 처음부터 다시 쓰도록 하십시오. 펜 끝이 굵거나 글씨가 큰 것은 그 사람의 개성을 나타냅니다.

편지 봉투 쓰는 방법

편지 봉투는 타이프로 쳐도 괜찮습니다. 펜으로 쓸 때는 우편 배달부(Mail man)가 읽기 쉽도록 또박또박 쓰도록 합시다. 또 본인 이외의 다른 사람이 뜯지 않도록 Personal 이라고 크게 편지 봉투 위에 써도 좋습니다.

연인이 여행하고 있을 때는 출발전에 일정표(itinerary)를 받아 두어 여행지에 갈 때마다 당신의 러브 레터가 연인을 기다리고 있도록 하면 좋겠지요. 낯선 곳에서 혼자 쓸쓸하게 묵어야할 연인에게 있어서 그런 편지는 더할 나위없는 선물이 될 것입니다. 여행지의 호텔에 편지를 보낼 때에 미리 Please Hold For Arrival(본인이 도착할 때까지 보관해 주십시오)라고 써놓으면 호텔에서는 당신의 친구가 도착하여 체크할 때에 그 편지를 건네줄 것입니다. 또 친구가 여러 곳을 돌고 오느라 늦게 도착할 지도 모르는 경우에는 Please Forward (전송해 주십시오)라고 편지 봉투에 써 두도록 합니다.

우표는 기념 우표나 아름다운 것으로 고릅니다. 자신의 기분을 일각이라도 빨리 전하고 싶은 경우에는 Express Mail(속달)을 사용하는 것이 효과적입니다. 또 '이것은 매우 중요한 편지입니다' 라는 의미로 Registered Mail(등기)를 사용하는 것도 좋습니다.

또 한가지 주의해야 할 것은 우표입니다. 충분한 우표를 붙이지 않으면 애써 쓴 편지가 배달되지 않거나 반송되는 경우가 있습니다. 추가분을 상대가 지불해야 할 경우가 생기는 것도 예의에서 벗어나는 일이 되지요. 확실히 알 수 없는 경우에는 좀 귀찮더라도 직접 우체국에 가서 편지를 붙이던가 여행 중일 때는 호텔에서 조사해 보면 곧 알게 될것입니다.

수신자 이름과 주소 쓰는 방법

수신자 이름은 그림 엽서, 항공 우편(aerogramme) 봉투에 따라 쓰는장소가 조금씩 달라집니다. 따라서 각기 분류하여 예를 들겠습니다.

① 그림 엽서

여행지에서 연인에게 보내는 즐거움을 맛볼 수 있는

것은 그림 엽서입니다. 그림이 그려져 있어 글을 쓸 공간이 작기 때문에 자신의 주소는 생략해도 좋습니다. 간단하게 '하와이에서' 라든가 '디즈니랜드에서' 라고 표시하면 좋습니다.

② 항공 우편(Aerogramme)

항공 우편은 편지 봉투와 편지지를 겸하고 있기 때문에 사진 따위를 동봉하지 않을 때 편리합니다. 이것에는 이미 우표가 붙여져 있고 스템프도 찍혀 있으므로 우편가 인쇄되고 있는 쪽에 상대방의 이름을 쓰도록 합시다. 그리고 안쪽에 자신의 이름이나 주소를 써 넣는 것입니다.

③ 봉투

작은 봉투가 아닐 때에는 수신인 이름과 자신의 이름을 다쓰고 봉투가 작을 경우에는 안쪽에 자신의 이름을 써도 상관없습니다.

④ 선물을 보낼 때

크리스마스나 생일 선물을 보낼 때는 소형 소포로써 보내는 것이 좋습니다. 무거운 것을 해외로 보내면 요금이 매우 많이 듦으로 일찍 사서 배로 붙이는 것이 좋겠지요. 항공 우편으로 보낼 때에는 Air Mail 표시를 잊지 않도록. 리본이나 끈으로 묶을 때는 수신자의 이름을 가리지 않도록 주의합니다. 선물을 외국에 보낼 때는 반드시 세관 신고서를 써야 합니다.

편지 봉투 쓰는 방법

소포의 예

소형 포장물 (1kg 내의 것)과 소포와는 보내는 수속이 조금 다릅니다.

1kg 이내의 작은 물건일 때는 Small Packet 라고 표시하여 우체국에서 녹색세관표라고 불리는 작은 종이를 주는데 그것을 받아 필요 사항을 기입하여 붙입니다.

무거운 것은 소포가 됩니다. 우체국에서 세관 고지서를 받아 그곳에 필요 사항을 기록하여 리본으로 묶든지 상자에 넣어 보냅니다. 어느 경우에든지 선물을 보낼 때는 우체국 창구에서 잘 조사한 다음 보내도록 해야합니다.

생화나 과일 등은 검사를 받은 것이 아니면 해외로 보낼 수가 없습니다.

러브 레터의 형식

미국이나 유럽에 보내는 편지는 예와 같이 가로로 쓰는 것이 원칙입니다. 주의해야 할 것은 이름과 주소를 쓰는 순서입니다. 순서를 틀리거나 ZIP CODE를 잊거나 하면 배달되는데 상당한 시간이 걸리게 됩니다. 왜냐하면 우체국에서는 컴퓨터를 사용하고 있기 때문입니다.

컴퓨터는 편지 봉투에 쓰여진 주소를 아랫단부터 읽어 갑니다. 따라서 우선 큰 지역으로 차차 나누어져 가는 것입니다. 그러므로 나라의 이름이나 ZIP CODE를 컴퓨터가 찾고 있을 때에 컴퓨터 속의 프로그램되어 있지 않은 이상한 이름이 나오거나 읽을 수 없는 것으로 간주되면 일단 컴퓨터에서 빠지게 되고 그런 편지들은 따로 모아 사람의 손으로 일일이 나누어 지게 되므로 배달이 늦어 지는 것입니다.

① 날짜

우리는 사무적인 편지 이외에는 날짜에 그다지 신경을 쓰지 않지만 영문 편지에서는 러브 레터에도 사무

적인 편지에도 반드시 날짜를 쓰고 있습니다. 게다가 맨 처음에(우리는 보통 맨 나중에 씁니다만).

이 날짜는 그 편지를 쓰고 있는 날이므로 공부하는 동안에 편지를 쓰는 경우에는 하룻동안에 편지를 다 쓰지 못하는 경우도 있지요. 이럴 때에는 새로 또 쓰기 시작한 날을 적어 놓도록 하는 것입니다. 그러나 어디까지나 이런 것은 연인이나 친구에게 보낼 때에만 한정되는 것이고 편지는 되도록 하룻동안에 쓰도록 해야 하겠지요.

날짜를 쓰는 순서는 미국 식으로 월, 일, 년도 순이고 영국식으로 일, 월, 년도 순입니다.

예를 들어 1985년 6월 11일은

미국식
June.11,1985 또는 Jun.11,1985
6 / 11 / 1985
6 / 11 / 85

영국식
11th June, 1985
11 / 6 / 1985
11 / 6 / 85

러브레터의 형식

<table>
<tr><td>
날짜(Date)

상대방을 부르는 말

　　본문을 시작할 때는 언제나 2cm정도

오른쪽으로 들어간 다음 스타트.

맺음말

싸인

P·S (추신)
</td></tr>
</table>

　　월 일과 연도 사이에는 컴마(,)를 붙입니다. 연도는 마지막 두개만 써도 상관없습니다. 또 월은 약자를 써도 괜찮습니다.

1월 Jan. (January)	4월 Apr. (April)
2월 Feb. (February)	5월 May
3월 Mar. (March)	6월 Jun. (June)

7월 Jul. (July)   10월 Oct. (October)
8월 Aug. (August)   11월 Nov. (November)
9월 Sept. (September)   12월 Dec. (December)

날짜라는 단어는 데이트(date)라고 하여 연인과의 데이트와 같은 스페링입니다.

② 부르는 말

보통 편지에서는 거의 Dear 이라고 씁니다만 러브레터에서는 Dear—, Dearest—, My Dear—, My Dearest—, Dear Dear—, 와 같이 친한 정도에 따라 부르는 말도 조금씩 달라집니다. Dear 다음에는 성을 쓰지 않고 이름을 씁니다. 이것은 first name 또는 given name 이라고 합니다.

first name 앞에는 결코 경칭을 나타내는 Mr. 나 Miss 는 사용하지 않습니다. 필요도 없는 Miss를 써서 잘못을 범하지 않도록.

애칭은 대환영입니다. 미국에서는 christina 를 chris 라고 하거나 chrissy라고 부릅니다. Dear chrissy, 또는 Dearest chrissy 라고 쓰는 것입니다, 만일 상대를 어떻게 부르는 것이 좋을지 확실하게 알 수 없을 때에는 처음 편지를 쓸 때는 first name을 그대로 쓰고 편지 속에 How should I call you? (무엇이라고 부르면 좋겠습니까?) 혹은 How would you Iike me to call you? (당신을 무엇이라고 부르기를 원합니까?)라고 상대방에게 물어 보는 것도 좋을 것입니다.

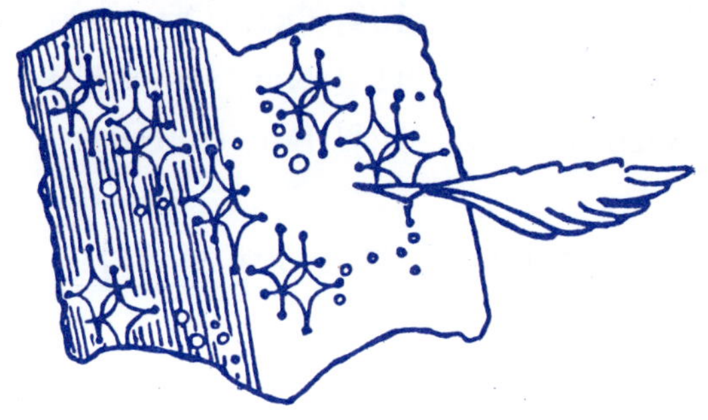

　영어의 애칭은 단축되거나 본래의 이름과는 아주 다른 것이 되기도 합니다. 예를들면 Robert는 Bob (로버트는 봅) William 은 Bill (윌리암은 빌) Richard는 Dick (리챠드는 딕) Elizabth는 Liz나 Beth (엘리자벳은 리즈나 베스), Patricia나 Patrick은 Pat(페트리시아나 페트릭은 펫) 등이 됩니다: 그러나 Richard 이므로 Dick이라고 부르면 그는 Rich 라고 부르기를 원하기도 하고 Patricia 이므로 Pat 라고 부르면 Trich이라고 부르기를 원하는 사람도 있는 것입니다. 이는 매우 까다로운 일이지요.

③ 본문

　사랑의 편지(러브 레터)라는 것은 상대를 사랑하는 마음을 나타내는 것이 목적이지만 안 지 얼마 되지도 않아서 I love you. 라거나 I'm in lovewith you. 등으로 쓰면 상대방에게 경계심을 주게됨으로 처음에는 데이트를 유도하는 편지로 시작하는 것이 좋습니다. 처음 데이트로 이끄는 편지에 는 전에 만났던 상황을 다시 재현하는 것이 가장 자연스럽습니다. 예를 들면 전에

파티에서 만났다면 역시 파티에 함께 가지 않겠느냐고
권한다거나 해변에서 만났다면 다시 해변에서 만나자
고 하는 것입니다.

몇번 데이트를 거듭하는 가운데 서로에게 호의를 갖
게 될 것입니다. 그때야 말로 러브, 레터가 등장할 때인
것입니다.

두 사람의 관계를 오래 끌기 위한 요령을 들어 보지
요.

♥ 친한 사이에도 예절이 있어야 합니다. 너무 실례
  되는 글은 쓰지 않도록.
♥ 너무 욕심을 내어 한 번의 편지에 이것저것 쓰려
  고 하지 말 것. 긴 편지를 자주 쓰는 것보다 짧은
  편지나 카드를 보내어 일기처럼 상대에게 말을
  걸 듯 쓰는 것이 좋습니다.
♥ 일방적으로 자신의 일만 쓰지 말고 상대의 일도
  묻도록 합시다. 예를 들면 학과의 선택, 같은 반
  친구나 선생님과의 문제, 상대방의 형제 부모의
  일 등.

♥ 상대가 그다지 한국에 대한 것을 모르고 있는 외국인인 경우에는 자신이 일 외에 한국의 행사, 습관, 생활, 일 등에 관해 써보내어 문화의 차이도 알려 주면 매우 유익할 것입니다.

♥ 한동안 소식이 뜸할 때는 상대방에게 어째서 편지를 쓰지 않는 것이냐고 힐문하지 말고 카드나 엽서 등 아름다운 것을 사용하여 '요즘 어떻게 지내고 계십니까? 매우 걱정이 되는군요. 곧 연락 주십시오.' 'How Have you been doing lately? I miss you. Just drop me a line and tell me how you are.' 라고 쓰면 좋겠지요.

♥ 연인의 생일 날에 'Happy Birthday'라는 전보를 치는 것도 좋은 생각입니다. 연인이 해외에 살고 있는 경우라면 마치 옆 집에 살고 있는 듯한 느낌을 맛보며 매우 좋아할 것입니다.

♥ 생일 카드, 발렌타인·카드, 크리스마스·카드 등은 많이 이용하고 있겠지요. 그러나 그런 카드를 사서 이용할 때는 반드시 자신의 하고 싶은 말을 적어 넣어야 합니다. 그리고 싸인도 잊지 말도록.

♥ 해외에 있는 연인에게 사랑의 전화를 걸 때는 미리 '○월×일△△시 무렵 전화걸겠습니다'라고 편지로 알려 두는 것이 좋겠지요? 모처럼 전화를 걸었는데 상대방이 없으면 얼마나 실망이 크겠어요?

♥ 카드나 신문 잡지를 오려내어 사용하는 것이 좋습니다.

♥ 미국 젊은이들은 자주 스스로 사랑의 증명서를

신문에서 오려낸 것

발행합니다. 이것은 매우 귀엽고 유모어 넘치는
행동입니다.

♥ 아무리 멋진 상대라 해도 너무나 급하게 적극적
으로 나오면 곤란해지는 경우가 있습니다. 그런
때는 '학교의 숙제나 시험으로 매우 바쁘기 때문
에 당분간 만날 수 없고 편지도 쓸 수 없다.' 'I am
so busy with my exam that I won't be able to see
you or write to you for a while."이라고 조금 상대
방에게 멀어지는 것도 사랑을 계속할 수 있는 요
령이 됩니다. '거짓말도 방편' 'A white lie is some-
times expedient.' 입니다.

그리고 러브 레터만으로는 부족하다고 생각하는 분
은 알맞은 선물을 준비하는 것도 좋겠지요.

☆ 사진…자신의 사진입니다. 안에 Dear—, 그리고 간
단한 메시지, 마지막으로 싸인을 잊지 않도록.

　　미국의 젊은이들은 때때로 러브 레터 속에 이런 카드를 동봉하여 보냅니다. 사랑의 상품권으로 "이것을 가지고 오면 아름다운 사랑과 멋진 키스 두번과 바꾸어 드립니다."라는 뜻이 있는 것입니다.

☆ 자신이 읽은 책으로 감동했던 것.

☆ 꽃을 말려 편지에 끼워 보내거나 말린 꽃을 책갈피에 꽂아 보내는 것도 매우 낭만적입니다.

☆ 레터·셋트. 이것은 연인의 이름이나 주소를 프린트하여 보내는 것입니다. 상대방으로부터 편지를 받을 때마다 몇장이 남았는 지를 알게 되어 묘한 기쁨을 맛볼 수가 있겠지요?

☆ 향수 카드. 팔고 있는 향수 카드도 있습니다만 편지를 봉투에 넣기전에 당신과 그가 만날 때 언제나 당신이 사용하는 향수를 살짝 뿌려 두는 것입

니다. 사람은 향기에 민감하기 때문에 보이프랜드
는 당신의 향기나는 편지를 받고 매우 기뻐할 것
입니다.

편지에 써서는 안될 것도 몇가지 들어 보도록 하지
요.
- 앞에서도 말했듯이 틀린 부분을 고쳐 그냥 보내
  거나 해서는 안됩니다. 조금 귀찮더라도 새로 처
  음부터 쓰도록 합시다.
- 편지에 상대방을 책망하거나 비꼬거나 불평하는
  말을 써서는 안됩니다. 그런 것을 쓰면 상대방을
  화나게 하여 두사람의 사이는 멀어져 버릴 것입
  니다. 영어에 '(If you) Fight on the phone, make
  up by mail (싸우려거든 전화로, 화해는 편지로)
  라는 말이 있습니다.
- 편지에는 두사람이 함께 즐겁게 보낸 시간에 대
  하여, 상대방이 보낸 편지에 대한 감사의 기분, 선
  물의 대한 감사 등을 나타낼 필요가 있습니다. 그

러나 너무 노골적인 애정의 표현은 피하고 감사
도 너무 지나치다는 느낌이 들지 않게 해야 할 것
입니다.

- 미국에서는 러브 레터의 답장을 곧 내지 못했을
  때 '답장이 늦어서 미안합니다'라는 사과의 말은
  쓰지 않는 것이 좋다고 생각되고 있습니다. 그것
  은 상대방을 한층 더 열이 나게 만드는 수단이라

고 그들은 생각하고있는 것입니다.

- 안 지 얼마 되지도 않아 너무 적극적으로 되지 않도록.

④ 맺음말

맺음말은 간단하게. 맺음말은 상대와의 친한 정도에

따라 매우 달라집니다.

처음 편지에는 Sincerely, Your new friend, Always, 또는 Yours always 등을 사용합니다. 맺음말 뒤에는 반드시 콤머(,)를 찍습니다. 점점 친해진 다음에는 Love, 라는 말을 사용합니다. 그러나 미국에서는 Love, 라는 맺음말은 부모 자식지간이나 자매 사이 그리고 여자 친구들 끼리도 사용합니다. 맺음말은 부록을 참고해 주십시오.

맺음말보다 몇배나 더 중요한 것이 자신의 싸인입니다.

싸인은 맺음말 아래에 합니다.

편지를 다 쓴 다음 빠뜨린 것이 있을 때 덧붙이는 것이 P.S.(추신, Postcript의 약자)입니다. 러브 레터에서는 P.S. Remember I love you(내가 당신을 사랑하고 있다는 것을 잊지 않도록) 이라고 자주 사용합니다.

Chapter 1

민호와 리디아

디스코텍에서 만난 민호와 리디아는 연인 관계까지는 되지 않았지만 매우 좋은 친구로 지낼 수 있을 것 같습니다.

I .MINHO WRITES A LETTER TO LYDIA WHOM HE MET AT A DISCO

Dear Lydia,

❶   I just wanted to let you know that I really enjoyed meeting you Friday at the Fantasia. You are a terrific dancer! And you have a beautiful smile! Even though I just met you and danced with you once, I feel as if I've known you for many years. After I got home, I was still so excited that I couldn't fall asleep for a long time.

❷   Would you please meet me next Friday at the Fantasia? I'll be there with one of my good friends from about 10 o'clock.

❸   I hope to see you soon.

❹   Sincerely,

❺   MINHO

---

❶ I just wanted to let you know… '조금 당신에게 나의 기분을 알려 주고 싶다' 라는 것으로 본심은 매우 알려 주고 싶은 마음이 크다는 것을 나타내는 부드러운 표현입니다.

**민호는 디스코텍에서
만난 리디아에게
편지를 썼다**

친애하는 리디아,

　금요일 환타지아에서 당신과 만난 나는 얼마나 기뻤던지 조금 알려주고 싶습니다. 당신의 춤은 멋있었습니다. 그리고 당신의 미소는 매우 아름다웠습니다. 아직 막 만났을 뿐이고 딱 한번 함께 춤을 추었을 뿐이지만 마치 당신과 몇 년이나 알고 지낸 듯한 느낌이 듭니다. 집에 돌아온 다음에도 흥분으로 좀처럼 잠을 이루지 못했습니다.

　내주 금요일 환타지아에서 만날 수 있을까요? 친한 친구와 함께 10시무렵부터 가 있겠습니다.

　곧 만날 수 있기를 기대하고 있습니다.

정성을 담아
민호

　I enjoyed meeting you는 '만나 뵙게 되어 기쁩니다'라는 의미로 처음 만난 사람에게는 회화에서도 자주 쓰입니다.

　You have a be autiful smile！이라는 것은 남성이 여

ミンホはディスコで会った
リディアに手紙を書く

親愛なるリディア

　金曜日にファンタジアであなたに会えて僕はどんなにうれしかったか，ちょっとお知らせしたいのです。あなたのダンスはすばらしいですね。そしてあなたのほほえみはとても美しいですね。まだお会いしたばかりで，たった1度いっしょに踊っただけなのに，まるであなたとは何年も知り合っているような気がします。家に帰ってからもエキサイトして，なかなか眠れませんでした。

　来週の金曜日にファンタジアでお会いできますか。仲の良い友人といっしょに 10 時ごろから行っています。

　すぐにお会いできることを楽しみにしています。

敬具
ミンホ

성을 칭찬할 때 자주 쓰는 말입니다.

　‘!’ 은 감탄사, 감탄 부호라고 하며 사람을 칭찬할 때, 감격했을 때, 또 놀랐을 때 문의 끝에 찍습니다.

　예 : You are fantastic !

You are foxy !

foxy는 사전에 의하면 '여우와 같이 매우 교활하다' 라고 해석되어 있을지 모르지만 미국에서는 은색 여우처럼 아름답고 쌕시한 여성을 가리킵니다.

미국 여배우 겸 모델로 한국에서도 잘 알려져 있는 부룩·실즈 등은 Foxy lady 대표되는 여성입니다.

After I got…for a long time. 의 문장 뒤에 조금 과한 느낌은 있읍니다만, I could still see your smile and hear the music.(지금도 당신의 미소가 눈 앞에 떠오르고 음악이 들려오는 것 같읍니다.)라는 말을 붙여도 좋겠지요.

❷ 시간을 쓸 때는10:00 AM (또는 PM)이라고 쓰던가 10 O'clock 으로 쓰고 10:00 O'clock 이나 10 O'clock P.M이라고는 쓰지 않습니다.

아침 10시인 경우

10 O'clock in the morning

10:00 AM

저녁 10시인 경우

10 O'clock at night

10:00 PM

그러나 디스코텍은 상식적으로 밤에만 여는 것이 보통이므로 이 편지에서는 10 O'clock 이라고 했습니다.

❸ 이 표현은 확실하게 만날 약속을 하지 않았을 때에도 쓸 수 있습니다.

❹ 이것은 편지의 맺음말.

Sincerely 아래에 자신의 이름을 씁니다.

❺ 이름은 Full name(성과 이름)을 쓰던가 또는 이름만을 써도 좋습니다. 그러나 친구 사이에서 성만을 쓰지는 않습니다.

One point advice

한번 만났을 뿐인데 둘이서만 만나자는 데이트를 신청하면 상대방이 겁을 내고 경계할 지도 모르지요. 그러므로 처음 데이트를 신청할 때는 서로 친구들과 함께 만나는 것이 무난합니다. 이것을 더블 데이트(double date)라고 합니다. 학생들 사이에서는 자주 이 double date가 있습니다.

사랑의 싹은 시간을 들여 소중히 키워가야 하는 것입니다.

II.LYDIA PROMISES TO MEET MINHO AGAIN AT THE DISCO

Dear MINHO,

❶ Thank you for your kind letter. I am glad to hear that you enjoyed the dancing at the Fantasia. I also had a good time dancing and talking with you.

❷ I think my friend and I can meet you next Friday at the Fantasia. I'll see you then.

Sincerely,

Lydia

리디아는 디스코텍에서 다시 한번
민호와 만날 것을
약속합니다

민호에게

마음이 담긴 편지 감사합니다. 당신도 환타지아에서 즐겁게 지냈다니 기쁘게 생각합니다. 저도 당신과 춤추고 이야기하며 즐거운 시간을 보냈습니다.

다음 금요일에는 친구와 함께 환타지아에서 만날 수 있을 것이라고 생각합니다. 그럼 다시 만날 때까지

이만 실례합니다.

리디아

リディアはディスコでもう一度ミンホに会うことを約束する

ミンホさん

　心のこもったお手紙ありがとうございました。あなたもファンタジアでダンスを楽しまれたと聞き，うれしく思います。私もあなたと踊ったり，お話ししたり，楽しい時を過ごしました。

　次の金曜日には，友達といっしょにファンタジアでお会いできると思います。それではまた（ではまたお会いするときまで）。

かしこ
リディア

III. MINHO FELL IN LOVE WITH LYDIA

My dear Lydia,

❶　I had a wonderful evening. I really enjoyed dancing with you again. When I held you in my arms and danced the last dance, I felt your warmth. And I wished the music would never end because I wanted to dance with you all night. When I closed my eyes, I could still see your beautiful smile and hear that sweet music.

❷　I am sending you red roses to remind you that I like you very much. Please accept them as a token of my appreciation to you for being a good friend of mine.

❸　The Seoul Theater is showing the "Sound of Music" this weekend. You said you saw that movie once before, but wanted to see it again. Although I too have seen it myself, I would be happy to go and see the movie with you.

❹　I would like you to meet me in the lobby of the Imperial Hotel next Saturday evening at about 6:30. See you then.

❺　　　　　　　　　　　　　　Love,
　　　　　　　　　　　　　　MINHO

민호는 리디아를 사랑하게 된다

친애하는 리디아

멋진 밤이었습니다. 또 다시 당신과 춤을 즐길 수 있어 기쁘게 생각하고 있었습니다. 당신을 안고 마지막 춤을 출 때는 당신의 따스한 온기를 느낄 수 있었습니다. 그리고 음악이 언제까지나 계속되기를 마음 속으로 바랬습니다. 그것은 당신과 하룻밤 내내 춤추고 싶었기 때문입니다.

눈을 감으면 당신의 아름다운 미소가 눈가에 떠오르고 그 달콤한 음악이 들려 옵니다.

당신을 매우 좋아한다는 것을 알리기 위하여 붉은 장미꽃을 보냅니다. 나의 좋은 친구가 되어주신 당신에게 감사의 표시로써 받아 주십시오.

서울 극장에서 이번 주말 '사운드 오브·뮤직'이 상연됩니다. 당신은 그 영화를 한번 보셨다지만 다시 한번 보러가고 싶다고 하셨지요. 저 자신도 그것은 한번 보았읍니다만 당신과 함께라면 기꺼이 또 보러 가고 싶습니다.

다음 토요일 (저녁) 6시 반경 제국 호텔 로비에서 만나고 싶습니다. 그럼 그때까지.

사랑을 담아

민호

ミンホはリディアに恋をして
しまった

親愛なるリディア

　あれはステキな夜でした。ふたたびあなたとのダンスを楽しむことができうれしく思っています。あなたをだいてラストダンスを踊ったときは，あなたのぬくもりを感じました。そして音楽がいつまでも続くことを，心に願っていました。それはあなたと一晩じゅう踊っていたかったからです。目をとじると，あなたの美しい笑顔がまぶたにうかび，あの甘い音楽が聞こえてきます。

　あなたがとても好きだということをわかっていただくために，紅いバラの花をお送りします。僕の良い友達になってくださったあなたへの感謝のしるしとしてお受けとりください。

　日比谷劇場で今週末「サウンド・オブ・ミュージック」が上映されます。あなたはあの映画を1度観たけれど，もう1度観たいといっていましたね。僕自身もあれは1度観ましたが，あなたといっしょになら喜んでまた観に行きたいと思っています。

　次の土曜日の（夕方）6時半ごろ，帝国ホテルのロビーでお会いしたいと思います。ではそれまで。

　　　　　　　　　　　　　　　　　愛をこめて
　　　　　　　　　　　　　　　　　ミンホ

❶ Wonderful night 은 사용하지 않는 것이 좋습니다. 왜냐하면 침대에서 멋진 밤을 보냈다는 뜻이 되어 버리기 때문입니다.

enjoy라는 동사는 강조하는 것이 좋으므로 really and truly enjoyed 라고 부사를 2개 겹쳐 사용하는 경우가 자주 있습니다.

예 : I really enjoyed the movie.

(그 영화는 정말 재미있었다.)

Warmth는 몸의 따뜻함 만이 아니고 마음의 따뜻함도 포함하고 있습니다.

❷ token 이란 '기념 물품' 이라는 것입니다.

❸ I would be happy to~는 정중한 표현으로 '기꺼이 ~하겠읍니다'라는 의미입니다.

예 : I would be happy to help you with your homework.

(기꺼이 숙제를 도와드리겠습니다.)

❹ I would like you to meet me는 '저와 만나 주십시오'라는 것을 정중하게 표현한 것입니다, 친하게 된 상대에게는 남성의 경우, I want you to meet me를 사용해도 좋겠지요.

❺ 마지막의 Love 는 '사랑하고 있습니다'라는 의미

로 친한 남녀 사이에서 가장 많이 쓰이는 맺음말입니다. 또 부모 자식 사이 또는 친한 여자들 끼리도 쓰입니다만 남자들 끼리는 사용하지 않읍니다. 혹시 호모들은 쓸지도 모르지만….

One point advice

like와 Love의 차이

한국말에서 '좋다'와 '사랑하고 있다'의 영어식 표현은 Love입니다만 처음 상대에게 애정을 표현할 때는 I like you very much. 쪽이 좋다고 생각합니다.

이국인들은 Love라는 말을 자주 사용하므로 상대방과 상황을 생각하여 그 의미를 파악해야만 합니다.

예를 들어 대학 노트를 빌려 주면 Thank you. 대신에 oh, I love you. 라고 감사의 표현을 하는 사람이 있으므로 이런 말을 듣고 자신에게 애정을 갖고 있구나 하고 생각하면 곤란하겠지요.

이미 알고 있는 사람도 많겠지만 붉은 장미꽃은 남성이 여성에게 사랑을 고백할 때 쓰는 것입니다. 그러므로 발렌타인 데이에는 남성은 좋아하는 여성에게 장미꽃을 보내는 것입니다. 그러나 여성쪽에서는 꽃을 보내거나 하지 않았습니다. 요즘 우리나라에서는 과자 장사를 하는 사람들의 선전에 의해 쵸코렛을 여성이 남성에게 선물하는 것이라고 생각하는 사람들이 많아졌는데 이것은 본래 발렌타인과는 아무 상관이 없는 것입니다.

IV.LYDIA INVITES MINHO TO THE SENIOR PROM

Dear MINHO,

❶   Thank you for sending me the beautiful roses. I really appreciate your thoughtfulness,

❷   It is nice of you to ask me to go to the "Sound of Music" but I have to go to our Senior Prom next Saturday. I wonder if you could be my date for the prom at the Seoul American Club. I am sure you will enjoy it.

❸   I will be wearing a lavender evening dress. Boys are required to wear formal attire. Please let me know as soon as possible whether you can make it or not.

Your friend,
Lydia

리디아는 민호를 Senior Prom에 초대한다

민호에게

아름다운 장미를 보내주어 감사합니다. 당신의 깊은 생각에 진심으로 감사하고 있습니다.

'싸운드·오브·뮤직'을 보러가자고 청하여 주어 감사합니다. 그러나 다음 토요일에는 Senior Prom에 가야 합니다. 서울 아메리칸 클럽에서의 Prom에 제 상대로써 가주시지 않겠읍니까? 분명히 재미있을 것이라고 생각합니다.

저는 옅은 자주색 드레스를 있고 갈 것입니다.

남성은 정장을 입어야 합니다. 함께 갈 것인지 어떻게 할 것인지 가능한 빨리 알려 주세요.

당신의 친구
리디아

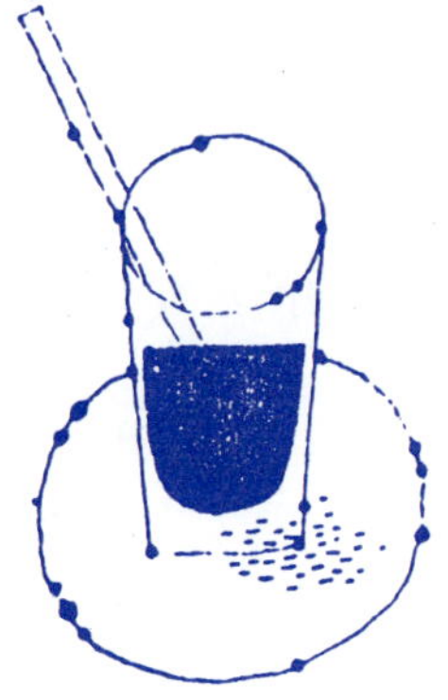

リディアはミンホをシニアー・プロムにさそう

ミンホさん

　美しいバラをお送りいただきまして，ありがとうございました。あなたの思いやりを，心から感謝いたします。

　「サウンド・オブ・ミュージック」におさそいくださいましてありがとうございます。でも次の土曜日には，シニアー・プロムに行かなければなりません。ソウルアメリカンクラブでのプロムに，私のデート（相手）として来ていただけますか。きっと楽しんでいただけると思います。

　私はラベンダー色のイブニングドレスを着て行きます。男性は正装することになっています。ごいっしょいただけるかどうか，できるだけ早くお知らせください。

あなたの友達
リディア

❶ thouhtfulness는 '깊은 생각' '친절' '동정' 등의 의미가 있으며 형용사 thoughtful은 다른 사람에게 무엇인가 특별한 배려를 해 줄 때의 감사의 말로 자주 사용됩니다.

예 : It was very thoughtful of you to visit my sick mother. (친절하게도 병든 어머니를 방문해 주셨습니다.)

❷ nice of you는, 앞 센텐스에서 설명한 thoughtful of you와 같은 의미로 이것은 자주 사용됩니다.

예 : How nice of you to come !

　　　(잘 와 주셨습니다.)

seior Prom이란 미국 고등학교 또는 대학교의 최종 학년 학생이 주최하여 여는 댄스 파티입니다. 이것에 대하여 Junior Prom 이라는 것이 있습니다.

미국에서는 대학에 들어가면 1학년을 freshman 이라고 부르고 2학년을 sophomore, 3학년을 junior 그리고 4학년을 senior 라고 합니다. 고등 학교도 마찬가지입니다.

Prom 이라는 것을 설명하겠읍니다. Preppy라는 말을 들은 적이 있습니까 ? 이것은 미국에서 preparatory school (생략하여 prep school 이라고도 하는 대학 진학 코스의 사립 학교) 학생들을 가리키는 말입니다.

이 prom은 대개 졸업식 한달 전 쯤 실시되는 것으로 남자 학생들은 정장, 여자 학생들은 드레스를 입고 댄스를 추는 것입니다. 이 때 남성은 여성에게 꽃을, 여성은 남성에게 덩쿨이나 잎으로 만든 꽃다발을 선물하는 풍습이 있습니다. 댄스가 끝나면 각각 커플들은 기념을 위해 사진을 찍고 그것을 크게 확대하여 나누어 갖기도 합니다. 그 사진에는 I love you 나 Love 등의 싸인을 넣습니다.

I woder if는 말을 돌려 부탁을 할 때 쓰는 표현으로 '(만일 가능하다면)~해 주실 수 없을까?' 라는 의미가 됩니다.

예 : I wonder if you could send me your Picture.
(당신의 사진을 받을 수 없을까요?)

　호의를 갖고 있는 사람의 사진을 원할 때는 이 표현을 쓰도록 합니다.

　date는 파티에 갈 때의 동반자입니다. Who is your date? (상대는 누구?) Bring your date to pool side party(풀사이드 파티에 당신 친구도 데려 오셔요.)라고 쓴다.

　I am sure 는 '분명' '꼭' 이다는 의미입니다.

　예 : I am sure she loves me.(분명 그녀는 나를 사랑하고 있다.)

　❸ formal attire는 '정장' 의 의미로 파티의 초대장에는 확실하게 표시되어 있습니다. 만일 informal attire이나 casual attire 라고 쓰여져 있으면 정장을 하지 않아도 좋다는 의미입니다. 하와이에서는 aloha attire 라는 말을 자주 사용하고 있습니다. 이것은 알로하 셔츠나 그것과 같은 정도의 복장을 해 주셔요 라는 의미입니다.

　고급 레스토랑에서는 디너 시간에 Men are requested to wear coat and tie(신사는 쟈켓과 넥타이를 착용할 것)이라는 싸인이 걸려 집니다. 이 경우에는 스포츠 쟈켓이라도 넥타이를 매어야 하는 것입니다. 최근에 는 여름에 한해서는 넥타이를 매지 않고 상의를 입고 가도 별지장이 없게 되었습니다. 그리고 어떤 레스토랑에서는 필요한 손님에게 쟈켓과 넥타이를 빌려 주고 있습니다. 그러나 치수가 맞지 않으면 창피하겠지요?

　상대방 여성에게 창피를 주지 않기 위해서라는 예약을 할 때에는 반드시 dress code (복장에 관한 규칙)을 미리 조사해 둘 필요가 있습니다. 그때 사용하는 표현은 Do you require coat and tie? 나 Do I need a jacket? 을 사용합니다. 만일 레스토랑이 Yes 라고 말하는 경우에는 여성도 드레스를 입어야 합니다. 물론 테니스 신발이나 슬리퍼를 신는 것은 금지되어 있습니다.

하와이나 괌에 가는 허니문 · 커플은 특히 주의해야 할 것입니다.

as soon as Possible은 '가능한 빨리' 라는 의미로 soon과 fast 나 quick의 차이를 알아 두어야 하겠지요?

예 : You shoul run as fast as possible ! (전 속력으로 달려 !

make it은 미국에서 사용되는 '시간에 맞다' 라는 속어적인 표현입니다만 '파티 등에 참석할 수 있다'라는 의미로도 사용됩니다.

　예 : Can You make it for my birthday party?

　　　(내 생일 파티에 참석할수 있습니까?)

　이 경우는 생일 파티가 열리는 시간에 맞추어 올 수가 있느냐는 의미가 아닙니다. 만일 시간에 맞출 수 있느냐고 물으려런, Can you make it by 7 o'clock? (7시

까지 맞출 수 있습니까?가 됩니다.

또 '성공하다' 라는 의미도 있습니다.

예 : He made it !

　　　(그는 성공했다)

무리한 일을 하는 친구를 보고 Can you really make it ? (정말 괜찮겠니?)라고 말하는 경우도 있습니다.

make it 이라는 말은 속어적인 표현이므로 손윗 사람에게는 사용할 수 없습니다.

V.MINHO LOVES LYDIA EVEN MORE

My Dearest Lydia,

❶　　I just don't know how to thank you for the most exciting evening of my life ! I will never forget the wonderful experience at your Senior Prom. You were just as beautiful as a princess in a fairy tale wearing that evening dress. I think you were the loveliest girl at the prom. I couldn't take my eyes off you even for a second. Because of you, I was able to enjoy every moment at the prom.

❷　　I understand that we come from different cultures, but I believe love has no cultural boundaries. I have very special feelings for you even though I have met you only a few times. I have never felt this way before about any other girl. I am really in love with you. And I hope you feel the same way about me. I don't want to rush you into anything, but I wanted to tell you how I feel about you.

　　If you are free, please meet me at the Serenade Cafe in Chong-ro for dinner next Friday at about 7 o'clock. I really look forward to seeing

민호는 리디아에게
열중한다

가장 친애하는 리디아,

내 인생에서 가장 멋진 저녁을 보낼 수 있게 해 주어 뭐라 감사의 말을 해야 좋을 지 모르겠습니다. Senior- ·Prom 에서의 그 멋진 체험을 나는 잊을 수 없을 것입니다.

당신은 매우 아름다웠습니다. 그 이브닝 드레스를 입은 당신은 마치 동화에 나오는 공주처럼 아름답게 보였습니다. 당시는 그 파티에서 가장 아름다운 사람이었다고 나는 생각합니다. 한시도 당신에게서 눈을 뗄 수가 없었습니다. 당신 덕분으로 처음부터 끝까지 파티를 즐길 수 있었습니다.

우리들이 다른 문화 속에서 자라 왔다는 것은 알고 있었지만 사랑에는 문화적인 국경은 없다고 믿고 있습니다.

당신과는 아직 2.3회 밖에 만나지 못했습니다만 당신을 정말 좋아하게 되었습니다. 이제가지 어떤 여성에게도 이런 기분을 가져본 적은 없었습니다. 나는 진심으로 당신을 사랑하고 있습니다. 그리고 당신이 나에 대해 같은 기분을 가져 주기를 바라고 있습니다. 억지로 강요하고 싶지는 않지만 내가 당신을 얼마나 생각하고 있는지 알려주고 싶은 것입니다.

만일 시간이 있다면 종로에 있는 세레나데 카페에

you soon.
 Please write to me as soon as you can.

All my love,
MINHO

서 금요일 7시쯤 저녁 식사하러 와 주십시오. 곧 만날 수 있기를 기대하고 있습니다.

가능한 빨리 답장을 주십시오.

사랑을 담아
민호

❶ exciting을 여기에서는 '멋지다' 라고 해석하고 있습니다만 이 단어는 흥분과 자극이 있는 기쁨을 나타냅니다. 예를 들면 열가지 일이 있었던 즐거운 파티를 exciting party라고 하고 매우 열광적인 시합 등은 exciting game 이라고 합니다.

jusf는 '실로' , '정말이지' 라는 의미입니다.

as~as…는 '…과 같은 정도로~이다' 라는 의미입니다.

예 : He speaks Eglish as wedd as an Amerca
(그는 미국 사람처럼 영어를 잘합니다.)
She is as tall as a man
(그녀는 남자 만큼이나 키가 크다.)

I couldn't ~ a second. 즉 '가만히 바라 보고 있었다'라는 뜻입니다만 I was staring at you 라고는 하지 않습니다. stare 라는 단어는 '말똥말똥보다'라는 의미이므로 전차 안에서 이상한 남자가 말똥말똥 볼 때에

He was staring at me 라고 쓰는 것입니다.

enjoy every moment 라는 표현은 자주 쓰입니다. 좋아하는 사람과 함께 있는 시간 일분 일초가 즐겁다는

ミンホはリディアに夢中になる

もっとも親愛なるリディア
　僕の人生でもっともすばらしい夕べを過ごさせていただいて，お礼のいいようもありません。シニアー・プロムでのあのすばらしい経験を，僕は忘れることはないでしょう。あなたは，とてもきれいでした。あのイブニングドレスを着たあなたは，まるでおとぎ話のプリンセスのように美しく見えました。あなたは，あのパーティーのなかで，一番美しい人だと僕は思います。いっときも，あなたから目を離すことができませんでした。あなたのおかげで，最初から最後まで，パーティーを楽しむことができました。
　僕たちが異なった文化のなかで育ってきたことは，わかっていますが，愛には，文化的な国境はないと信じています。あなたには，まだ２，３回しかお会いしていませんが，

의미입니다.
　❷ come from〜의 직역은 '〜에서 온다' 라는 것입니다만 이 경우 '〜의 배경을 가지고 있다' 라는 의미입니다.
　예 : They come from the same Europan culture.
　　　(그들은 같은 유럽 문화(적 배경)를 가지고 있

あなたのことを本当に好きになってしまいました。これまで，どんな女性に対しても，こんな気持をいだいたことはありませんでした。僕は心からあなたを愛しています。そして，あなたが僕に対して同じ気持を持っていることを望みます。おしつけがましくしたくはないのですが，でも僕があなたのことを，どんなに思っているか伝えたいのです。

　もし，時間があいていましたら，鍾路のセレナード・カフェに金曜日の７時ごろ，夕食に来てください。近々お会いできることを楽しみにしています。

　できるだけ早くお返事をください。

　　　　　　　　　　　　愛をこめて

　　　　　　　　　　　　ミンホ

　習니다.)

　special feelings를 직역하면 '특별한 기분' 이나 '특별한 감정' 이라는 의미가 됩니다만 실제로는 I love you 와 같은 뜻으로 쓰이고 있습니다.

　in love with～는 '그가 좋습니다' 라는 것으로 fall in love with '사랑하게 되어지다'라는 의미가 됩니다.

예 : He is in love with Lydia.

（그는 리디아를 사랑하고 있습니다.）

He fell in love with Lydia.

（그는 리디아를 사랑하게 되었습니다.）

the same say는 '같이 의향' 이나 '같은 생각' 이라는 의미입니다.

rush you into~는 '무모하게~을 시키다' 라는 의미입니다만 이 경우에는 '서둘러 강요하다' 라는 의미로 쓰였습니다.

예 : Don't rush me into anything that I would regret later.

（후에 후회할 일을 강요하지 말아 주십시오.）

VI. LYDIA ASKS MINHO TO REMAIN AS A GOOD FRIEND

My Dear MINHO,

❶ Thank you very much for your kind letter. I am so glad to hear that you really enjoyed the prom at the Seoul American Club. I also enjoyed it myself. You were a wonderful date! I must not forget to thank you for the beautiful orchids. Thank you very much.

❷ I think we are too young to be serious about each other, but I like you very much and want to be a good friend. You know that we still have to go to college and find our own careers. I will have to know you much better before I become your steady girlfriend.

I will be happy to meet you next Friday at the Serenade Cafe. I will see you then.

Your good friend,
Lydia

리디아는 민호에게 좋은
친구 관계로 지내자고
전한다

친애하는 민호에게

마음이 담긴 편지 감사합니다. 아메리칸 클럽의 Prom 을 즐겁게 즐기셨다니 매우 기쁘게 생각합니다. 저도 즐거웠습니다. 당신은 매우 멋진 상대였어요. 그 아름다운 난초꽃 감사한다는 말을 드리지 않을 수가 없습니다. 정말 감사했습니다.

우리들은 서로 심각하게 사랑을 하기에는 너무 어리다고 생각합니다.그러나 당신을 매우 좋아하며 좋은 친구가 되고 싶습니다.아시는 바와 같이 우리들은 아직 앞으로 대학에 가기위해 케리어를 쌓아야 합니다. 당신과 언제나 함께 있는 여자 친구가 되기 전에 당신을 좀 더 잘 알고 싶습니다.

내주 금요일에는 세레나데 · 카페에서 만날 것을 기대하고 있습니다.그럼 그 날까지.

당신의 좋은 친구,
리디아

 I must not forget to than you.

이 말은 간단히 '나는 감사를 말을 잊을 수가 없어요

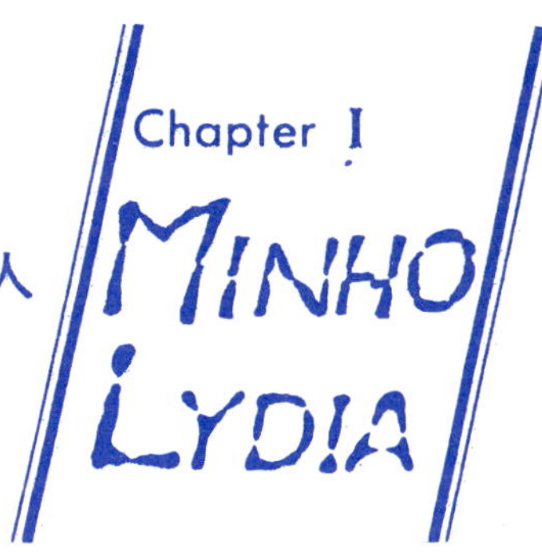

リディアはミンホに良い友人関係にとどめておきたいと伝える

親愛なるミンホさん

　心のこもったお手紙ありがとうございました。ソウルアメリカンクラブでのプロムをエンジョイされたとうかがい，大変うれしく思います。私もエンジョイしました。あなたはとてもステキなお相手でしたわ。何よりも，あの美しいランの花のお礼を申し上げなければなりません。本当にありがとうございました。

　私たちは，お互いに真剣な恋をするには若すぎると思います。でもあなたのことはとても好きですし，良いお友達になりたいと思っています。ご存じのように，私たちはまだこれから大学に行き自分たちのキャリアをさがさなければなりません。あなたのステディーなガールフレンドになる前に，あなたのことをもっと良く知りたいと思います。

　来週の金曜日には，セレナード・カフェでお会いすることを楽しみにしています。ではその日まで。

あなたの良い友達
リディア

' 라는 의미가 아니라 정말 중요한 것을 상대에게 전할 때에 사용되는 것입니다. '당신은 소중한 사람입니다'

라는 의미가 포함되어 있습니다.

　예 : I must not forget to snd you an invitation to my
　　　 birthday party.
　　　 (나의 생일 파티 초대장을 반드시 보내겠습니다.)

　❷ too young to be(become) serious는 '심각하기에는 너무 어리다'라는 표현으로 너무 적극적으로 교제를 청해 오는 상대에게 조금 브레이크를 거는 좋은 표현이 됩니다. 시리어스(Serious)해 지는 것은 상대와의 만남만을 위미하며 다른 친구들과는 자유롭게 만날 수 없게 되는 것입니다.

　예 : I am serious adout Lydia.
　　　 (나는 리디아에게 열중해 있다.)
　　　 Be serious and study hard !
　　　 (착실하게 공부하세요 !)

　good friend (좋은 친구)라는 의미는 문자 그대로 연인은 아니지만 사이 좋게 지내는 이성 친구라는 의미입니다. 그러나, 걸 프렌드나 보이 프렌드라는 말을 사용하는 경우 미국 영어에서는 깊은 관계에 있는 이성 친구를 가리키게 됩니다.

　따라서 남성이 'She is my girl friend.' 라는 말을 할 때는 '그녀는 내 연인입니다'이고 'He is my boy friend'라고 말 할 때는 '그는 내 연인입니다'가 됩니다. 또 여성이 여성 친구를 소개할 때에 'she is my girl friend'라고 합니다만, 남성은 남성 친구를 소개할 때에 'He is my boyfriend'라고 하지 않습니다. 이 경우에는 friend만을 사용합니다.

　남성이 '그는 내 보이 프렌드입니다'라고 말하는 경

우에는 호모 관계가 되는 것입니다. 같은 아파트나 같은 기숙사에 살고 있는 친구는 성별에 관계없이 room-mate 라고 합니다.

미국에서는 선배, 후배의 관계를 강조하지 않기 때문에 선배, 후배에 해당하는 단어가 없습니다. 구태여 번역하자면 선배는 시니어(Senior)이고 후배는 쥬니어(junior)입니다만 이 관계를 미국인에게 설명하는 것은 매우 어려운 일입니다. 그 한가지 이유는 미국 학교에서는 단위제를 사용하고 있고 연령에 관계없이 실력 주의이기 때문입니다.

Career는 생애의 직업을 가리키며 job 과는 다릅니다.

예 : My career plan is to become a medicatldoctor.

(나의 장래 계획은 의사가 되는 것입니다.)

My job is to drive a fruck

(나의 직업은 트럭 운전을 하는 것이다.)

steaty girlfriend 란 '언제나 함께 있는 걸 프렌드'라는 의미입니다. 스테디한 관계를 표현할 때는 'They are going steacty.(저 두사람은 스테디한 사이예요.)나 'Are you going steady with her?' (그는 그녀와 스테디한 관계니?)라고 합니다.

'I am not going steacty with him anymore.' 라고 말하면(그와는 이제 스테디한 관계가 아니예요.) 또 'We broke up!' 이라고 하면 '우리들은 이제 관계 없어요'라는 의미로 부부가 사용하면 이혼했다는 뜻이 됩니다.

One point advice

매우 사이 좋은 남성과 여성이 아직 너무 어리다거나 스테디한 관계를 가지기에는 이르다고 생각할 때는, Let's be good friends. 혹은 Let's remain friends 라는 말을 사용합니다.

good friend라는 것은 상대에게 이성 의식을 갖지 않고 자연스러운 기분으로 무슨 이야기든지 함께 나누는 친구를 의미합니다. 그러므로 자신의 연인에 대한 이야기도 학교에 대한 이야기도 가족에 관한 이야기도 함께 나눌 수 있는 친구인 것입니다.

VII. MINHO TRIES TO UNDERSTAND LYDIA'S FEELING

My Dearest Lydia,

❶   I think I understand why you don't want to be serious with me now. As you say, we are too young to decide our future. But I really want to stay your best friend because I love you. I know that we will have to go to college and find a promising career for ourselves first.

❷   I am thinking of studying at one of the good universities in the U. S. after I graduate from high school next year. It would be exciting for me if we could both attend the same university. We could study and have fun together and get to know each other much better, too.

❸   Lydia, I am not disappointed at all about what you told me in your letter. Please remember that I will try my best to become a young man worthy of your love.

❹   Thank you for telling me frankly how you feel about me. You are the most wonderful person I have ever met.

All my love,
MINHO

민호는 리다아의 기분을 이해하려고 노력한다

가장 친애하는 리디아

지금 당신이 나와 삼각한 관계를 원치 않는다는 것을 이해할 수 있을 것 같습니다. 당신 말대로 우리들은 장래의 일을 정하기에는 아직 너무 어릴지도 모릅니다. 그러나 나는 당신이 좋으므로 당신의 가장 좋은 친구로 있고 싶습니다. 우선 우리들은 대학에 가서 장래성 있는 일을 해야 한다는 것을 알고 있습니다.

나는 내년 고등 학교를 졸업 한 다음 미국 어딘가 좋은 대학에 유학하고 싶습니다. 만일 우리들이 같은 대학에 다닐 수 있다면 내게 있어서 멋진 일입니다. 둘이 함께 배우는 즐거운 시간을 보내고 좀 더 친해 지게 되겠지요 ?

리디아 나는 당신이 편지에 쓴 것에 대하여 전혀 실망 따위는 하고 있지 않습니다. 나는 당신의 사랑을 받을 만한 젊은이가 되도록 최선을 다하려 하고 있다는 것을 부디 잊지 말아 주십시오.

당신이 나를 어떻게 생각하고 있는지 솔직하게 알려 주어 고맙습니다. 당신은 내가 지금까지 만난 여성 중에서 가장 멋진 사람입니다.

사랑을 담아
민호

もっとも親愛なるリディア

　今あなたがなぜ僕と真剣な関係になりたくないのかわかるような気がします。あなたのいうとおり，僕たちは将来のことを決めるにはまだ若すぎるかもしれません。でも僕はあなたが好きだから，あなたの一番いい友達でいたいのです。まず僕たちは大学に行って，将来性のある仕事をさがさなければならないことは，わかっています。

　僕は来年高校を卒業したら，アメリカのどこかの良い大学に留学したいと思っています。もし，僕たちが同じ大学に行けたら，僕にとってすばらしいことです。2人でいっしょに学び楽しい時を過ごし，もっと親しくなることができるでしょう。

　リディア，僕はあなたが手紙に書いたことについて，全然失望なんかしていません。僕があなたの愛を受けるにあたいする若者になるようベストをつくそうと思っていることを，どうか忘れないでください。

　あなたが僕をどのように思っているか率直に教えてくれてありがとう。あなたは僕が今までに会った女性のなかで，もっともすばらしい人です。

愛をこめて

ミンホ

❶ I think I understand는 '알 것 같은 느낌이다'라고 애매하게 말할 때 사용합니다. 그것을 바꾸어 말하면 '사실은 알고 싶지 않다' 라는 의미가 되기도 합니다.

　예 : I think I understand your point but I don't agree with you.

　　　(네가 말하는 포인트는 알 것 같은 느낌이지만 동의할 수는 없다.)

　on future는 우리들의 장래라는 것이지만 이말에는 결혼할 것을 약속하고 결국 결혼에 골인 한다는 암시가 있습니다.

❷ university는 정확하게는 종합 대학을 가리키며, college 는 4년제대학과 단과 대학을 가리키는데 미국에

서는 college와 university가 혼동되어 쓰이고 있습니다.

It would be excitig for me if~ '만일 ~이라면 내게 있어서 엑사이팅한 일입니다'라는 표현도 매우 편리합니다.

예 : It would be exciting for me if I could to Paris with you.
　　(당신과 함께파리에 갈 수 있다면 내게 있어서 최고이다.)

have fun 은 '즐기다, 놀다'라는 의미입니다.

예 : We had so much fun at the Senior Prom, didn't we?
　　(시디어·프롬은 정말 재미있었지?)
　　Have fun, you two !
　　(너희 둘, 즐겁게 놀다 오너라)

미국 부모들은 자식들이 데이트 하러 나가는 것이 내심으로는 걱정스럽지만 이 표현을 사용합니다. 형제 중 누군가가 데이트 나갈 때에 'Have fun !'이라고 하면 놀리는 말이 되겠지요?

get to know를 직역하면 '사귀다' 라는 뜻이 되지만 이 경우 know는 '친해지다'라는 의미로 사용되고 있읍니다. 단지 사귀다 라는 뜻을 나타낼 때는, get acquainted with 를 사용합니다.

예 : I got acquainted with my new neighbor yesterday.
　　(어제 새로 이사온 이웃과 사귀였습니다.)

❸ 여기에서 Lydia라고 부른 것은 자신이 앞으로 할

말을 강조하고 싶기 때문입니다. 물론 이 경우는 '실망 따위는 하고 있지 않습니다'라고 말하고 있으나 내심으로는 실망했다는 것을 분명히 하고 있습니다.

please remember that~your love. 이 문은 이 러브 레터 전문 중에 가장 중요한 부분입니다. I will try my best (나는 최선을 다하고 있습니다.) 라는 표현은 여성에게 나쁜 느낌을 주기는 커녕 거부할 수 없는 강한 느낌을 주는 것입니다. 특히 worthy of your Love (당신의 사랑을 받을 수 있을 만한) 등을 첨가한다면 상대 여성은 분명 기뻐하겠지요? 그러나 미국에서는 여성이 이런 말을 하는 경우는 었습니다.

❹ 이 경우 본심은 슬프지만 여성측에게 상처를 주지 않으려는 생각으로 이와 같이 쓴 것입니다.

마지막 문구는 어째서 그가 그녀에게 그렇게 열심인지를 간결하게 전하고 있습니다.

  사랑의 과정 중에는 어떤 시점에서 상대에게 차가운 말을 듣는 때도 있습니다.이런 때는 곧 화를 내거나 포기하지 말고 끈기있게 자신의 마음을 전해야 합니다.

  여성은 '저도 당신이 좋아요' 라고 말해 버리면 남성이 곧 안심하거나 가볍게 생각할까봐 좋아도 곧 좋다는 말을 하지 않습니다. 그러므로 여성의 본심을 알아내기 위해서는 시간을 두고 꾸준히 노력해야 합니다.

  만일 심각한 사이를 원하지 않는다고 하면 일단 일보 물러나 good friend나 best friend가 되어 달라며 교제를 계속하는 것이 현명합니다. 또 이 예문에 있듯이 문제를 바꾸어 자신의 변함 없는 마음을 전하는 것도 한가지 방법입니다. 이 경우에는 '같은 미국 대학에 가서 공부하며 교제를 계속하자' 하는 구실을 붙여 '보다 친해지자'라는 요구를 한 것입니다. 연애에서는 '포기'라는 어드바이스는 무시해야 할 것입니다.

VIII. LYDIA ENCOURAGES MINHO TO STUDY IN THE UNITED STATES

My Dear MINHO,

❶   I am so glad to know that you understood what I meant to say in my iast letter. I want to say again that I like you very much and I appreciate your friendship.

❷   I am also happy that you are interested in studying at an American university. I think you will enjoy college life in the United States. Besides, you can learn the American culture and master English if you live there.

❸   I don't know which university I will be applying to, but it would be nice if we could attend the same university. Do you know how to go about applying for admission? Perhaps, you can go to the American Culture Center or the Fullbright Office in Seoul and look at some American college catalogs.

❹   Please let me know if you need my help in finding a good university. We could talk about this when we get together next time.

Love,

Lydia

리디아는 민호에게
미국 유학을 권한다

친애하는 민호에게

이전 편지에서 내가 알리고자 한 것을 알아 주어 매우 기뻤습니다. 다시 한번 나는 당신을 매우 좋아하며 당신과의 우정을 소중히 생각하고 있다는 것을 전하고 싶은 것입니다.

당신이 미국의 대학에 유학하고 싶다는 것에 대해서도 기쁘게 생각하고 있습니다.

당신은 미국 대학 생활을 즐길 수 있을 것이라고 생각합니다. 게다가 그곳(미국)에 살면 미국 문화를 몸에 익힐 수 있고 영어를 마스터할 수도 있을 것입니다.

나는 아직 어느 대학에 신청할지 모르지만 만일 같은 대학에 다닐 수 있게 되면 좋겠어요. 입학 원서 내는 방법을 알고 있어요? 아마 유학정보 센터나 미문화원에 가면 미국 대학의 카탈로그를 조사할수 있겠지요?

좋은 대학을 찾는데 만일 내 도움을 필요로 한다면 말씀해 주셔요. 다음에 만날 때에 그것에 대해 이야기하지요.

사랑을 담아,
리디아

リディアはミンホにアメリカ留学をすすめる

親愛なるミンホさん

　この間の手紙で私がお伝えしたかったことをおわかりいただいて，大変うれしく思います。もう一度，私はあなたがとても好きで，あなたの友情を大切にしていることを，お伝えしたいのです。

　あなたがアメリカの大学に留学したいということについても，うれしく思います。あなたは，アメリカの大学生活をエンジョイされることと思います。そのうえ，そこ（アメリカ）に住めば，アメリカ文化を身につけ，英語をマスターすることもできます。

　私はまだどの大学に申込みをするかわかりませんが，もし同じ大学に通学できたらいいですね。入学願書の出し方をごぞんじですか。多分,ソウルのアメリカ文化センターか，フルブライトの事務所に行けば，アメリカの大学のカタログを調べることができるでしょう。

　良い大学をさがすために，もし私のヘルプを必要とするようでしたら，おっしゃってください。次にお会いしたときに，このことについてお話ししましょう。

愛をこめて

リディア

❶ What I mean to say(내가 말하려 하는 것)은, What I am trying to say 라고도 합니다.

　예 : What I mean to say is that John doesn't really love Mary.

　　(내가 말하려 하는 것은 죤은 메리를 정말 사랑하고 있지 않다는 것이야.)

　　My mother never understands what I am trying to say.

　　(어머니는 내가 말하려 하는 것을 조금도 알아주시지 않아요.)

　I appreciate your friendship. (당신의 우정을 소중히 하고 있읍니다)라는 문은, Thank you for your friendship 과는 조금 의미가 다릅니다. appreciate라는 단어에는 '진가를 인정하다'라는 의미가 있으므로 중요한 친구에게 자신의 감사 기분을 전할 때에 사용합니다.

❷ interested in 이라는 숙어는 직역하면 '흥미를 갖고'나 '관심을갖고'라는 뜻이 되지만 미국 영어에서는 '~을 하고 싶다'나 '~을 할 의지가 있다'라는 의미가 됩니다.

　예 : Ronald is in interesfed in a Porsche.

　　(로날드는 폴셰를 사고 싶다고 생각하고 있습니다.)

　이것은 '로날드는 폴셰에 관심을 가지고 있습니다'라고 해석하면 틀리게 되는 것입니다.

　Mike is interested in Chrissy. 라고 하면 '마이크는 크

리시와 사귀고 싶어 합니다'라는 의미 입니다. 만일 친구가 파티 등에서 어떤 특정한 사람과 즐겁게 이야기하고 있으면, 'Are you interested in him ?'이라고 놀려보셔요.

Besides, you can⋯you live there.

이 문 속에서 study가 아니고 learn 이라는 단어를 사용한 것은, study는 '학문으로써 미국 문화를 연구한다'이고 learn은 '체험을 통하여 배운다'와 '학문으로써 배운다'라는 양쪽으로 사용됩니다.

예를 들면, Let's learn aerobic dancing!(에어로빅 댄스를 배웁시자!)라는 말은 있지만 'Let's study aerobic dancig!' 이라는 말은 없습니다.

❸ attend라는 단어를 사용할 때에 한국인이 자주 틀리는 것은, attend에 to를 붙여 사용하는 것입니다. attennd to라고 쓰면 '간호하다'나 '돌보다'라는 의미가 되기 때문에 attend to school이라고 쓰면 엉뚱한 글이 되고 마는 것입니다.

예 : Chrissy is attendig Punahou High School.

(크리시는 푸나호 고교에 다니고 있습니다.)

A nurse is attending to a patient.

(간호원은 환자를 돌보고 있습니다.)

how to go about 이것은 구어적인 표현으로 '~을 하는 방법·순서' 라는 의미입니다.

예 : Do you know how to go about applying for a student visa ?

(학생 비자를 얻는 순서를 알고 있습니까 ?)

you can go to~는 문자 그대로 '~에, 당신은 갈 수 있읍니다'가 아니고 우회적 표현으로 '당신은~에 스스로 가세요'라는 의미가 됩니다.

예 : You can go to Seoul station and buy your own ticket.

(서울역에 가서 자신의 차표를 사셔요.)

Fullbright office 는 미국 교육 기관으로 한국인 학생에게 선정 시험을 치게 하여 유학 장학금을 주는 곳입

니다. 이외에 하와이에도 장학금을 주는 사무소가 있습
니다.

❹ please let know if~

(만일~한다면 알려 주셔요.)

예 : please let me if your friend, In Won is also coming
　　to play tennis with us.

　　(만일 네 친구 인원이도 테니스를 치러 온다면
　　알려 줘.)

we could talk about it. 이 문을 직역하면 '그것에 관
하여 이야기 할 수가 있다'가 되지만 이것에는 '네가 원
한다면'이라는 말을 붙여 '그것에 관해 말해도 좋겠지
요'라고 해석합니다.

즉 we might talk about it if you like. 가 됩니다.

One point advice

　　이 편지는 그에게 실망을 준 다음 쓴 것이기 때문에
다소 그의 상처를 만져 주려는 의도가 담겨져 있습니
다.

　　그러므로 이 편지에 '당신을 매우 좋아하고 우정을
소중히 하고 있습니다' 등의 상냥한 말을 쓴 것입니다.

　　그러나 정말 상대가 싫어 절교하고 싶은 경우에는
이런 말을 쓰면 오해를 사게 되고 싫은 교제를 계속하
게 될 것이므로 주의해야 할 것입니다.

IX. MINHO SENDS A VALENTINE CARD TO LYDIA

FOR MY SWEETHEART
With Love on Valentine's Day

1 If you could know
    What's in my heart,

2 I'm sure that you would know
    How much I love you.

3 And how much you mean to me. . .

4 Life means so much more to me
    Because of loving you.

HAPPY VALENTINE'S DAY
WITH ALL MY LOVE

True love is found,
Not in words,
But in feelings.

민호는 리디아에게 발렌타인·카드를 보낸다

나의 스위트하트를 위하여
발렌타인날에 사랑을 담아

당신이 내마음을
읽을 수가 있다면
분명 알아 주겠지요?
내가 당신을 얼마나 사랑하고 있는지
그리고 당신이 얼마나 내게 있어서 소중한지를…

나의 인생은 충분히 살 보람이 있습니다.
당신을 사랑하는 고로

해피·발렌타인 데이에
사랑을 담아

참된 사랑은
말로 하는 것이 아니고
느끼는 것입니다.

ミンホはリディアにバレンタイ
ン・カードを送る

僕のスイートハートのために
バレンタインの日に愛をこめて

君が僕の心を
読みとることができるならば
きっとわかってくれるでしょう
僕が君をどんなに愛しているかを
そして，君がどんなに僕にとって大切かを…

僕の人生はとても生きがいがある
君を愛するが故に

ハッピー・バレンタインデーに
愛をこめて

まことの愛は
言葉ではなく
フィーリングなのです

❶ What's in my heart는 what is in my heart로 '마음 속에 들어 있는것'이라고 해석되지만 이 경우 mind '(판단·사고 등을 하는)마음'을 사용해서는 안됩니다.

what's on your mind ? 라고 하면 '너는 무엇을 생각 하고 있니 ?' 라는 말이 됨으로 주의하여 사용해야 하 는 것입니다.

한국말로 '당신을 진심으로 사랑하고 있습니다'를 직 역하여 'I love you from the bottom of my mind'라고 하 면 안되는 것입니다. 반드시 'I love you from the bottom of my heart'로 써 주십시오.

❷ How much I love you. 이 문의 How much는 '얼마 나 많이' 내가 당신을 사랑하고 있는지 라는 의미입니 다.

또 '상대가 상상할 수 없을 정도'로 사랑하고 있다는 것을 전할 때에도 사용합니다.

　예 : You can not imagine how much I love you.
　　　(당신은 내가 얼마나 사랑하고 있는지 상상할 수도 없을 것입니다.)

❸ 이 문의 mean은 단순히 '의미한다' 라는 것이 아 니고 '당신이 없으면 쓸쓸하여 견딜 수가 없다'라는 의 미가 되는 것입니다. 그러나 You are mean to me. (mean 을 형용사로써 사용하는 경우)는 '당신은 나에게 심술 궂군요'가 됩니다.

❹ 이 문에서는, mean을 '살 보람이 있다'라고 해설하 고 있읍니다만 앞에서도 설명했듯이 '중요하다' '의리가

있다'라는 의미를 포함하고 있는 것입니다. 또 이 외에 Do you mean it ? 이라고 하면 '당신은 그것은 진심으로 말한 것입니까 ?' 가 됩니다. 이 mean 이라는 단어는 주의하여 사용해야 합니다.

유니크한 카드

─ One point advice ─

　발렌타인 데이는 2월 14일로 성 발렌타인 이라는 신의 이름을따서 14세기 무렵부터 유럽 여러 나라에서 시작된 풍속입니다. 한국에서는 과자를 만드는 가게나 백화점 선전에 의해 여성이 좋아 하는 남성에게 쵸코렛을 선물하는 날이 되어 버렸습니다. 그러나 미국에서는 남성이 여성에게 하트 모양의 상자에 넣은 쵸코렛과 장미꽃을 보내는 풍속이 있습니다. 물론 발렌타인·카드도 함께 보내 사랑을 고백하는 것입니다. 여성은 가끔 발렌타인·카드와 쵸코렛을 보내기도 합니다.

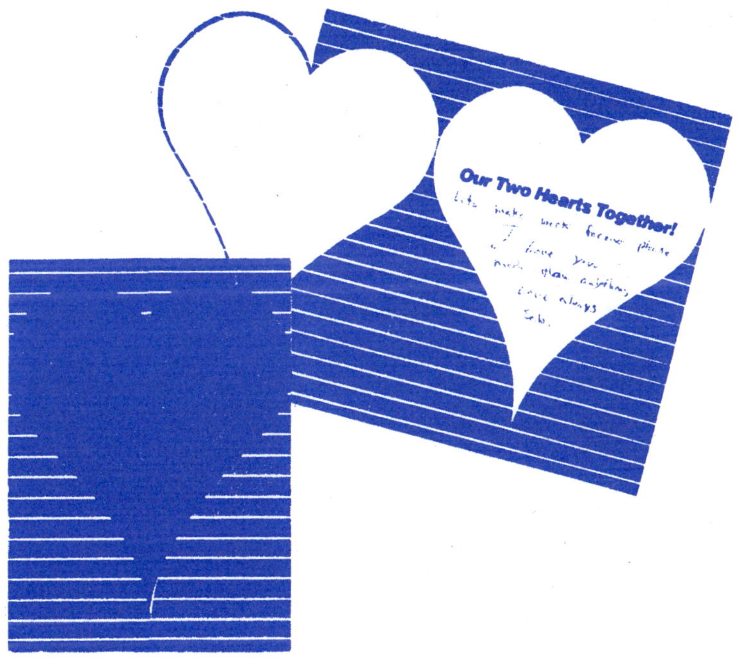

　　가게에서 살 수 있는 발렌타인·카드에는 여러 가지 종류가 있습니다. 카드의 디자인이나 색도 중요하지만 안에 쓰여 있는 말을 잘 읽고 좋은 카드를 골라 'I love you'를 잘 전하도록 해야겠지요.

　　또 인쇄되어 있는 말 만이 아니고 자신이 말하고 싶은 것을 직접 써서 상대방에게 보내는 것이 더욱 효과적인 것입니다.

　　발렌타인·카드는 식어버린 연애 관계를 다시 되살릴 수도 있고 지금 계속되고 있는 관계를 보다 깊게 할 수 있는 절호의 기회인 것입니다.

X. LYDIA SENDS MINHO A THANK-YOU NOTE FOR THE VALENTINE CARD

My Dear MINHO,

❶ Thank you very much for the beautiful Valentine Card. It was very nice of you to remember me on Valentine's Day. It is always good to hear from you.

❷ I decided to go to the University of California at Berkeley in September. I will be majoring in international business because I want to work for a multi-national company in the future. Have you received a letter of acceptance from Yale University yet? It is too bad that we will not be attending the same university, but we can still keep in touch with each other by writing.

❸ Please write to me again when you can. I hope you hear good news from Yale soon.

Love,
Lydia

리디아는 민호에게 발렌타인 · 카드의 감사를 한다

친애하는 민호에게

멋진 발렌타인 · 카드 감사합니다. 발렌타인 데이에 나를 떠올려 주어 기쁘게 생각합니다. 당신에게서 연락을 받는 것은 언제나 기쁜 일입니다.

나는 이월부터 캘리포니아의 버클리대학에 가기로 결정되었습니다. 나는 장래 국제적 기업에서 일하고 싶기 때문에 국제 비지니스를 전공할 생각입니다. 예일 대학에서 입학 허가 편지는 벌써 받았나요? 같은 대학에 다니지 못하여 섭섭하지만 서로 편지로 연락을 취할 수 있겠지요?

틈이 있을 때 부디 또 연락 주셔요. 예일 대학에서 좋은 소식을 빨리 받기 바라고 있습니다.

사랑을 담아
리디아

リディアはミンホにバレンタイン
ン・カードのお礼をいう

親愛なるミンホ

　ステキなバレンタイン・カード，ありがとうございました。バレンタインデーに私を思い出してくださって，うれしく思います。あなたからお便りいただくことは，いつもうれしいことです。

　私は9月から，カリフォルニア大学バークレー校に行くことに決めました。私は将来，多国籍企業で働きたいので，国際ビジネスを専攻するつもりです。エール大学からの入学許可の手紙はもう来ましたか。同じ大学に通学できなくて残念ですが，お互いに手紙で連絡をとりあいましょう。

　おひまなときには，またどうかお便りをください。エール大学からの良い知らせを早く受けとられることを望んでいます。

愛をこめて
リディア

❶ It is nice of you '당신이 ～을 해주어 기쁩니다'라는 표현으로 자주 쓰입니다. 이 외에 It is kind of you '친절에 감사하오'라는 표현도 자주 쓰입니다.

예 : It is very nice of you to stop by and see me.
(들려 주셔서 매우 기쁩니다.)

It is kind of you to send a box of candy
(친절하게 사탕을 보내 주셔서 감사합니다.)

It is always good to… 이것은 '하는 것은 언제나(기쁘다)'라는 표현입니다.

예 : It's always good to see you.
(당신과 만나는 것은 언제나 기뻐요.)

It's always good to see you a tenn is tournament
(당신이 테니스 토너멘트에 이기는 것을 보는 것은 매우 기쁜 일입니다.)

❷ 미국 학교는 9월부터 새학기가 시작되어 5월 말이나 6월 초에 학기가 끝납니다. 여름 방학은 약 3개월이며 썸머 섹션 이라는 여름 학기 강좌가 있습니다. 한국 대학과 달리 학년 진급이 아니고 단위 제도를 취하고 있어서 필요 단위 수를 따면 학년에 관계 없이 일찍 졸업할 수가 있습니다. 그러나 단위가 부족하면 졸업하는데 5, 6년이 걸리기도 합니다. 일반적으로 미국 대학에는 세메스터 · 시스템과 쿼터 · 시스템이 있습니다. 세메스터 · 시시템의 경우는 1년을 15주간씩 2학기로 나누고 쿼터 · 시스템의 경우는 1년을 3개월씩 나눕니다.

쿼터란 영어로 4분의 1이라는 의미 입니다만 실제로는 3개월씩이 아니고 10주(2개월 반)를 1학기로 하고 있읍니다. 또 썸머 섹션의 기간중 세메스터·시스템에서 6주간의 강좌가 2회, 쿼터·시스템에서는 5주간의 강좌가 2회로 나누어져 있습니다.

University of California at Berkeley 나 University of Hawaii at Manoa 의 at Berkeley와 at Manoa는 대학 소재지를 가리킴니다.

따라서, at Berkely는 갤리포니아주의 버클리라는 장소에 있고, at Manoa는 하와이주의 오아프섬 마노아라는 장소에 있다는 것을 가리킴니다.

major in~은 '~을 전공하다' 라는 의미입니다. 또 미국 대학에서는 mimor(제 2 전공)을 택하는 경우도 있

습니다.

  예 : I am majoring in economics and I am minoring
      in computer science.
      (나는 경제학을 전공하고 컴퓨터·사인언스를
      제 2 전공으로 하고 있습니다.
      what is your major ?
      (당신의 전공은 무엇입니까 ?)

letter of acceptance 는 acceptance letter 라고도 씁니다.
이것은 입학 신청을 하여 정식으로 입학 허가가 나왔
을 때 대학측이 신입생에게 보내는 것입니다.

  유학생의 경우는, Certificate of Eligibility라고 부르는
서류가 필요합니다. 이 서류는 학교측이 이민국에 대해
그 학생을 정식으로 유학 허가했다는 증명서 입니다.

이것이 없으면 학생 비자 신청을 할 수 없습니다.

it is too bad ~ 는 '~이 섭섭하다'라는 의미입니다.

예 : It's too you are so sick that you cannot go out with me.

(네가 병으로 나와 외출할 수 없어 맹 섭섭하다.)

keep in touch with ~ 이것을 직역하면 '연락을 유지하다'라는 의미입니다.

예 : Let's always keep touch.

(언제나 연락 합시다.)

please keep in touch with me even after you return to Korea.

(한국에 돌아간 후에도 연락을 끊지 말아 주셔요.)

❸ When you can은,when you can write를 줄인 것으로 '쓸 수 있을 때' 즉 편지를 쓸 시간이 있을 때 써 달라는 의미입니다. 영어에서는 같은 단어를 2번 반복하여 쓰지 않습니다.

예 : please call me when you can.

(시간이 있을 때 전화해 주십시오.)

please call me if you can 이라고 if를 사용하면 '가능하다면 전화해 주십시오'라는 뜻이 되어 청하는 것이 약해집니다.

hear good news 를 문자 그대로 해석 하면 '좋은 소식을 귀로 듣다'라는 뜻이 되지만 hear 는 편지를 받을 때도 사용됩니다.

예 : Did you hear from him ?

(그에게서 편지가 있었습니까 ?)

XI. MINHO TELLS LYDIA THAT HE IS GOING TO YALE UNIVERSITY

My Dearest Lydia,

❶   I am so excited that I have been accepted to Yale University! I didn't know whether or not I would be accepted because I heard that their admission standards are very high. This means that I will have to study very, very hard. I hope that I will be able to see you at Berkeley on my way to the East Coast. Please tell me what your plans are for the summer.

❷   Although I was a little disappointed that we won't be attending the same university, I am very glad that I will be attending one of the best Ivy League schools. I don't know what I will be majoring in yet. I hope we will remain good friends and that you will continue to give me good advice on school matters.

❸   I will write to you again as soon as I know my travel itinerary. I would appreciate it very much if you would show me around California. I hope to see you soon.

All my love,
MINHO

민호는 리디아에게 예일 대학에
가게 된 것을 알린다

가장 친애하는 리디아

예일 대학에 입학이 결정되어 나는 매우 흥분하고 있습니다. 그 대학이 입학(자격)의 기준은 매우 높다고 듣고 있기 때문에 입학할 수 있을지 어떨지 몰았었습니다. 이렇게 되었으니 앞으로 나는 정말 열심히 공부해야만 합니다. 동해안에 가는 도중, 버클리에서 당신과 만나면 좋겠다고 생각하고 있습니다. 이번 여름은 어떤 계획을 세웠는지 가르쳐 주십시오.

당신과 같은 대학에 다닐 수 없어 조금 실망했습니다만 아이비·리그 대학의 가장 좋은 학교중 하나에 다닐 수 있는 것은 큰 기쁨입니다. 나는 아직 무엇을 전공할 것인지 결정하지 않았습니다. 나의 가장 소중한 친구로써 앞으로도 계속 학교에 대해 좋은 어드바이스를 해 주십시오.

나의 여행 예정을 알게 되는 대로 또 연락하겠습니다. 캘리포니아 안내를 해 주십다면 매우 고맙겠습니다만. 곧 만날 수 있기를 기대하고 있습니다.

사랑을 담아
민호

ミンホはリディアにエール大学に行くことを知らせる

もっとも親愛なるリディア

　エール大学に入学が決まり，僕はとてもエキサイトしています。あの学校の入学（資格）のスタンダードは非常に高いと聞いていたので，入れるかどうかわかりませんでした。こうなると，これから僕は本当に一生懸命に勉強しなければならないということになります。東海岸に行く途中，バークレーで君に会えればいいと思います。今年の夏は，どんなプランをたててらっしゃるのか教えてください。

　あなたと同じ大学に通うことができないので，ちょっとがっかりしていますが，アイビー・リーグ大学の一番いい学校のひとつに通学できることは，大きな喜びです。僕はまだ何を専攻するか決めていません。僕のベストフレンドとして，ずっとこれからも学校のことについて，よいアドバイスをしてください。

　僕の旅行予定がわかり次第，またお便りします。カリフォルニアの案内をしていただければ，とてもありがたいのですが。すぐお会いできることを楽しみにしています。

愛をこめて

ミンホ

❶ I am so excited that ～은 '～에 대하여 홍분하고 있다' '혹은～으로 기뻐 어쩌지 못하다'라는 기분을 전할 때에 사용합니다.

　예 : I am so excited that you are coming to see me in

Hawaii.

(당신이 나를 만나러 하와이까지 오신다니 기뻐 어찌해야 좋을지 모르겠습니다.)

Whether or not은 '~지 어떨지'하는 의미입니다.

예 : I don't know whether or not she really loves me.

(그녀는 나를 정말 사랑하고 있는 것인지 어떤지 모르겠다.)

This means that~의 문의 this는 예일 대학에 합격했다는 것의 대명사입니다.

This means, That means 또는 It means는 '~이라는 결과가 되다'라는 표현에 자주 사용됩니다.

예 : That means he doesn't care about you any more.

(그것은 그가 당신이 어찌 되어도 좋다는 것입니다.)

It means she needs more attention.

(그녀는 좀더 신경을 써 달라는 것이다.)

East Coast 라는 것은 미국 대륙의 대서양쪽을 가리킵니다. 또 태평양쪽은 West Coast 라고 합니다.

on ne's way to~는 '~에 가는 도중에'라는 의미입니다.

예 : Would you please stop at my house on your way to work ?

(일하러 가는 도중에 집에 들려 주시지 않겠습니까 ?)

❷ I am disappointed는 '실망하다'라는 의미입니다.

예 : I am disappointed that it is raining today
(오늘은 비가 와서 실망이다.

I was so disappointed that I couldn't sleep at all.
(매우 실망하여 조금도 잘 수가 없었다.)

Ivy League는 미국 동부 명문 대학을 일괄한 총칭으로 브라운, 콜롬비아 , 코넬, 다트마스, 하버드, 프린스턴, 펜실바니아, 예일의 여덟개 대학을 포함하여 이들 대학을 속칭 Ivy collge '라고 부릅니다. give me advice on 은 '~에 대하여 어드바이스를 해 주십시요'라는 의미입니다.

예 : Give advice on dating with an American.
(미국인과 데이트할 때의 어드바이스를 해 주십시오.)

❸ itinerary는 일정으로, 출발이나 도착 장소, 월, 일, 시간 등을 상세하게 나타낸 것입니다.

예 : Could you give me your itinerary ?
(일정을 가르쳐 주지 않겠습니까 ?)

I would apprecicate it if~ (만일~을 해 주신다면 감사하겠습니다)는 이 경우 Thank you와 같은 의미입니다. 보통 I thank you if ~라고는 하지 않습니다.

Show [take]~around 는 여기 저기 관광 안내나 쇼핑에 데리고 나가는 것을 말합니다.

예 : Would you show me around for sightseeing tomor-
row ?
(내일 관광을 데려가 주시지 않겠습니까 ?)
I will take you around to go shopping
(물건 사러 여기저기 데리고 가주겠다.)

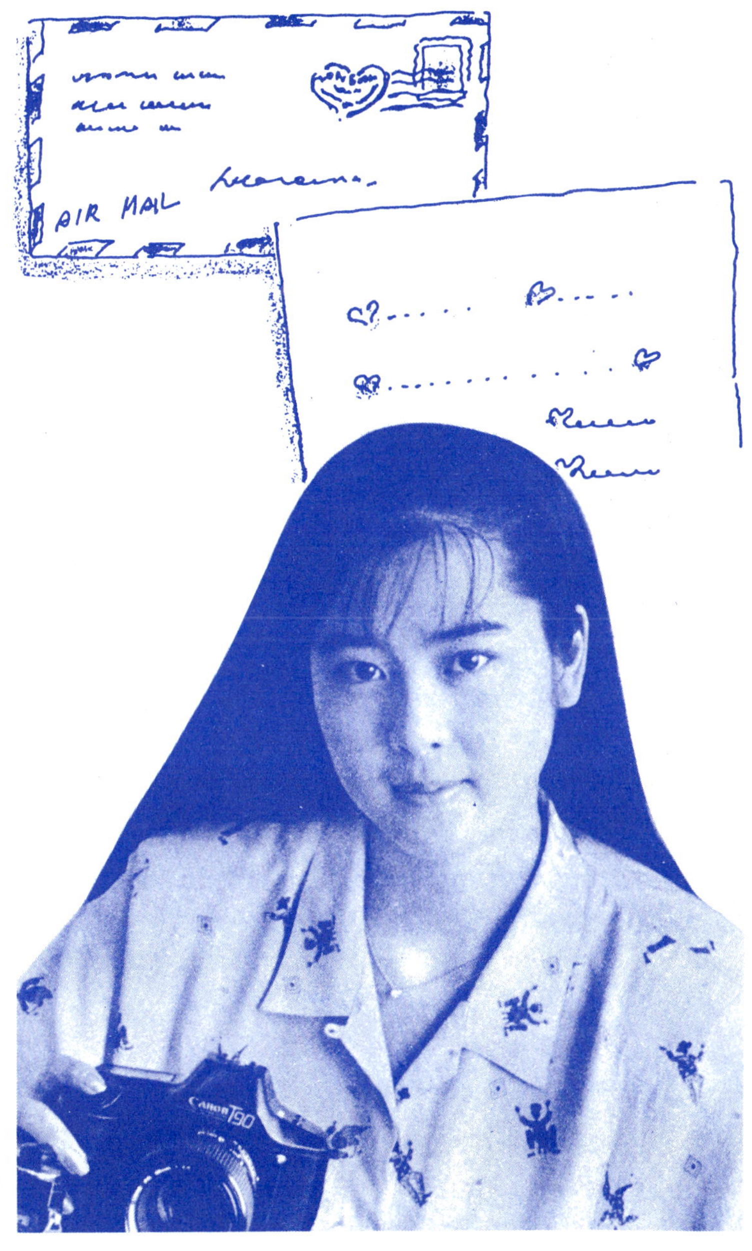

XII. LYDIA PROMISES MINHO THAT THEY WILL MEET AGAIN

My Dear MINHO,

❶ Congratulations on your acceptance to Yale University. I am sure you will do very well there and also have a good time.

❷ As for my summer plans, right now I am planning a trip around Europe. I particularly want to visit Paris, London and Rome. After returning home from Europe, I will be going directly to school.

❸ My campus address will be：

❹ 　Putnam Hall # 509
　2650 Durant Avenue
　Berkeley, CA 94720

❺ Please let me know when you will be able to come and visit me. I look forward to seeing you in the near future. Take care.

Love,
Lydia

리디아는 민호에게
다시 만날 것을
약속한다

친애하는 민호에게

예일 대학 합격을 축하합니다. 분명 당신은 그곳에서 좋은 성적을 얻을 것이고 또 즐겁게 보낼 수 있을 것입니다.

나의 여름 방학 계획은 지금 생각으로는 유럽을 여기저기 여행할까 합니다. 나는 특히 파리, 런던, 로마에 가고 싶읍니다. 유럽에서 귀국한 다음에는 곧 바로 대학으로 향할 것입니다.

나의 대학 주소는,
프트남ㆍ홀 509호실
2650 듀런트가
버클리, 캘리포니아 94720

언제 이곳에 올 것인지 알려 주셔요.

멀지 않은 장래에 만날 수 있기를 기대하고 있습니다. 건강하길.

사랑을 담아
리디아

リディアはミンホに再会を約束する

親愛なるミンホさん

　エール大学合格おめでとうございます。きっとあなたはそこで良い成績をとり，また楽しく過ごされることでしょう。

　私の夏休みの計画のことですが，今のところ，ヨーロッパをあちこちと旅行するつもりです。私は特にパリ，ロンドンとローマに行きたいのです。ヨーロッパから帰国した後は，まっすぐに大学に向かいます。

　私の大学での住所は，
　　　　プトナム・ホール　509号室
　　　　2650　デュラント街
　　　　バークレー，カリフォルニア94720
　いつ，こちらに来られるかお知らせください。近い将来にお会いできることを楽しみにしています。ごきげんよう。

　　　　　　　　　　　　　　　愛をこめて
　　　　　　　　　　　　　　　リディア

❶ do well 은 구어적인 표현으로 '~을 잘하다'라는 의미입니다.

　예 : You will do very well in korea.

　　　(한국에서의 일은 잘 되었겠지요?)

　　　she did very well in the Junior Olimpics.

　　　(쥬니어 · 올림픽에서 그녀는 매우 좋은 성적을 거두었다.)

have a good time 은 직역하면 '멋진 시간을 갖다'라는 뜻이지만, '멋진 시간을 보내다'라는 표현을 할 때에 사용됩니다. 이 경우는 공부 이 외의 사회생활를 가리킵니다.

　예 : He studied hard but he also had a good time at U. C. L.A.

　　　(그은 UCLA에서 공부도 열심히 하고 즐거운 시간도 보내고 있습니다.)

❷ As for~는 '~에 대해서는'이라는 의미로 특정의 일에 대해 상대의 주의를 끄는 문을 시작할 때 사용 합니다.

　예 : As for my vacation plan, I am thinking of going to Hawaii for two weeks.

　　　(그의 바캉스 계획은 하와이에 2 주간 동안 갈 것을 생각하고 있다.)

a trip aroud Europe은 '유럽을 도는 여행'이라는 의미입니다.

around 대신에 to 사용하면 '어떤 일정한 장소로'라는 뜻이 됩니다.

　예 : I took a trip around the world.

　　　(나는 세계 일주 여행을 했습니다.)

I particuarly want to~는 '특히 ~을 하고 싶다'라는
의미입니다.

　예 : When I go to Hong kong, I particulary want to
　　　try authentic Chinese food.

　　　(홍콩에 가면 나는 특히 그 곳의 중국 요리를
　　　먹어 보고 싶다.)

going to school 은 두 가지 의미가 있습니다. 이 경우

는 '학교를 향해 출발하다'라는 의미입니다만 또 한가지는 '통학하다'라는 의미도 있습니다.

　예 : He is going to schoo in London.

　　　(그는 런던에서 학교에 다니고 있습니다.)

　❸ campus address는 대학 교내에 있는 기숙사에 숙박하고 있는 학생들의 주소를 가리킵니다. 또 대학의 교수가 Campus address라고 하면 그의 연구실 주소를 의미합니다.

　❹ 기숙사에는 이름뒤에 홀(hall)이라는 말을 자주 씁니다. 이 홀은 '댄스 홀' 할 때의 홀이라는 의미가 아

니고 기숙사를 가리킵니다. 또 홀은 '강당'이라는 의미도 있습니다.

　CA 94720은 CA가 California의 약자이고 94720은 Zip code라고 불리우는 우편 번호와 같은 것입니다.

❺ I Look forward to~ing 는 '~을 기대하며 기다리고 있습니다'라는 표현을 할 때 사용됩니다.

　예 : I look forward to visitig you in Boston.
　　　(보스턴에서 당신을 방문할 것을 기대하고 있습니다.)

in the near future는 '가까운 장래'라고 해석했습니다만 일반적으로는 '반면 후 또는 1년 후'를 나타낼 때에도 이 숙어를 자주 쓰고 있습니다.

　예 : I hope to see you in the near future.
　　　(반면 후에 만나 뵙고 싶습니다.)

'건강하셔요'라는 표현은 Good-bye. Take care.

One point advice

　민호와 리다아는 멀리 떨어진 각기 다른 대학에 입학하게 되었고 러브 레터교환도 점점 뜸하게 되었습니다. 그러나 예문에도 있었듯이 서로는 좋은 친구로써 앞으로도 영원히 친하게 지낼 것입니다.

　이런 경우에는 더욱 신경을 써서 생일날 잊지 않고 카드를 보내거나 발렌타인·카드를 교환하거나 크리스마스에는 카드와 작은 선물을 교환하거나 크리스마스에는 카드와 작은 선물을 교환하거나 하여 우정의 불씨를 꺼뜨리지 않도록 해야할 것입니다. 졸업한 다음 다시 만나 또 커다란 로망스를 탄생시킬 지도 모르지요.

Chapter 2
광수와 크리시

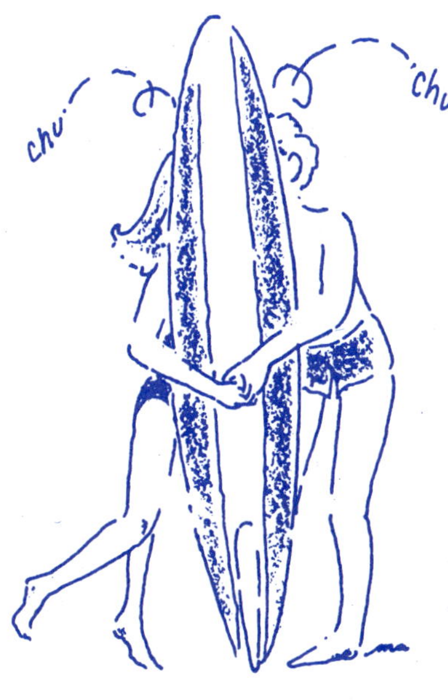

윈드서핑으로 맺어진 두 사람의 관계는 광수의 뜻밖의 선물로 점점 뜨거워집니다.

I .CHRISSY WRITES TO KWANGSOO, A WINDSURFING CHAMPION

Dear KWANGSOO,

❶   Thank you so much for teaching me how to windsurf. Even though I had trouble following your instructions, you were so kind to me.

❷   My friends laughed at me every time I fell off (the surfboard), but I didn't mind at all since you were there with me. Your smile and encouragement kept me trying, even though at times I felt like quitting.

❸   I also enjoyed talking with you about your interest in water sports. You must be so good in everything you do !

❹   If you aren't too busy next weekend, can you teach me windsurfing again ? Please call me at home and tell me when I can meet you.

❺   I anxiously wait for your call.

Sincerely,
Chrissy

P. S. My phone number is 944-3722

크리시가 윈드서핑 챔피온인 광수에게 편지를 쓴다

광수씨에게

윈드서핑을 가르쳐 주어 정말 감사합니다. 당신이 가르쳐 준 대로는 할 수 없었지만 당신은 매우 친절했습니다.

서프보드에서 떨어질 때마다 친구는 웃고 있었습니다.

그러나 당신이 옆에 있어 주었기 때문에 걱정없었습니다. 그만 두어 버릴까 하고 때때로 생각했습니다만 당신의 미소와 격려의 말에 용기를 얻어 열심히 노력했습니다.

당신이 좋아하는 수상·스포츠에 관하여 이야기할 수 있었던 것도 매우 즐거웠습니다. 분명 당신은 무엇이든 잘하시겠지요?

만일 다음 주말에 바쁘지 않으면 또 윈드서핑을 가르쳐 주시지 않겠습니까? 저희 집에 전화해 주셔요. 그리고 언제 만날 수 있을지 가르쳐 주셔요.

전화, 진심으로 기다리고 있겠습니다.

그럼 이만
크리시

추신. 나의 전화 번호는 944-3722입니다.

クリッシーがウインドサーフィンチャンピオンの光洙に手紙を書く

光洙さん
　ウインドサーフィンを教えてくださって，本当にありがとう。あなたの教えてくれるとおりにはできませんでしたが，あなたはとても親切でした。
　サーフボードから落ちるたびに，友達は笑っていました。けれども，あなたがそばにいてくれたので，気になりませんでした。やめてしまいたいとときどき思いましたが，あなたのほほえみと励ましの言葉に勇気づけられて一生懸命に努力しました。
　あなたの好きなウォーター・スポーツについて，お話しできたのも，とても楽しかったです。きっと，あなたは何でもお上手なのでしょうね。
　もし来週末，お忙しくなければ，またウインドサーフィンを教えていただけますでしょうか。私の家にお電話ください。そしていつお会いできるか，教えてください。
　お電話，こころ待ちにしています。
かしこ
クリッシー

追伸　私の電話番号は，944—3722 です。

❶ Thank you를 사용할 때에 전치사를 잊는 경우가 자주 있는데 반드시 for를 붙여 주서요.

　예 : Thank you for your Letter.

　　　(편지 감사합니다.)

so much는 very much와 같은 의미입니다만 이것은 같은 연령끼리나 친한 사람에 대해 자주 쓰는 표현입니다.

Even though~ (~에도 불구하고)는 although와 같은 의미입니다.

　예 : Even though she was more than an hour late for their date, he was still waiting for her.

　　　(그녀는 데이트 (약속 시간)에 한시간 이상이나 늦게 왔으나 그는 그녀를 기다리고 있었다.)

　　　Although they are only seventeen, they are already engaged.

　　　(그들은 17세인데 이미 약혼했다.)

You were kind to me. (당신은 친절히 해 주었습니다)는 매우 편리한 표현입니다. 확실하게 상대가 무엇을 해 주었는지는 말하지 않고 호의에 감사할 때에 사용합니다.

　예 : You were kind to me during my stay in Hawaii.

　　　(하와이에 머무는 동안 친절히 대해 주어 감사합니다.)

이 문 뒤에, Thank you를 첨가해도 좋으나 이미 감사의 뜻이 담겨져 있으므로 이것 만으로도 충분합니다.

❷ I didn't mind at all. (전혀 걱정되지 않았다.)

예 : The weather was very bad, but I didn't mind at all.

(날씨가 매우 나빴으나 전혀 걱정되지 않았다.)

Keep me trying~ (나에게 ~의 노력을 계속하게 하다.)

예 : Your encouragement kept me trying hard although English is a very difficult language to learn.

(영어는 습득하기 매우 어려운 말이지만 당신의 격려 덕택으로 열심히 공부를 계속할 수 있었습니다.)

at times는 '때때로'라는 의미입니다만 다음과 같은 경우에 자주 쓰입니다.

예 : He is usually a nice person, but at times he gets upset over a small matter.

(그는 보통 때는 좋은 사람이지만 때때로 작은 일에 화를 냅니다.)

The weather in Hawaii is very good, but at times it rains a lot.

(하와이의 날씨는 매우 좋지만 때때로 비가 많이 온다.)

❸ interest in~ 은 '~에 관한 흥미 · 관심'라는 뜻입니다.

　예 : I hare strong interest in popular music.

　　　(나는 팝 뮤직에 매우 흥미를 가지고 있다.)

must be~ 는 '~임에 틀림없다'라는 의미입니다.

　예 : It must be true.

　　　(사실임에 틀림없다.)

He must be in love with her.
(그는 그녀를 사랑하고 있음에 틀림없다.)

❹ Please call me at~ (~에 전화해 주셔요)

이 경우, Phone me 나 Telephone me 라고는 하지 않
읍니다. 그리고 at 다음에는 전화하는 장소 예를 들면
집(home), 학교(school) 또는 전화번호를 씁니다.

예 : Please call me at 345－6789.

　　Please call me at my office.

❺ anxiously wait (열심히 기다린다.)

즉 혹시나 하고 걱정하면서 기다린다는 의미입니다.

예 : I am anxiously waiting for the result of the college
　　entrance examination.

　　(대학 입학의 결과를 걱정하면서 기다리고 있다.)

One point advice

　멋진 남성과 만났을 때에는 이와 같은 편지를 써서 그의 반응을 시험해 볼 수 있는 것입니다. 처음부터 자신과의 관계에 대해 이야기 하거나 하지 않고 그의 특기인 윈드서핑을 화제로 하여 말을 돌려 '그와 교제 하고 싶다'라는 마음을 전하는 것입니다. 누구나 자신의 특기를 칭찬 받으면 기분이 좋아지게 되겠지요?

　또 전화 번호를 일부러 추신으로 쓴 이유는 처음이나 본문에 쓰면 너무 적극적인 느낌을 줄지도 모르기 때문입니다.

II. KWANGSOO CALLS CHRISSY

❶ KWANGSOO : Hello! May I speak to Chrissy, please?

❷ Chrissy : This is she.

❸ KWANGSOO : Oh, Chrissy! Hi! This is SOO.

❹ Chrissy : Hi, SOO! I'm glad you called.

❺ KWANGSOO : How are you, Chrissy?

❻ Chrissy : Fine, thank you. How is your windsurfing?

❼ KWANGSOO : Good. By the way, when would you like me to teach you windsurfing again?

❽ Chrissy : Can you teach me next Sunday afternoon?

❾ KWANGSOO : That's fine.

❿ Chrissy : May I bring my sister with me?

⓫ KWANGSOO : Sure. How about meeting me at Poosan Beach next Sunday at about 2 o'clock?

⓬ Chrissy : I'll see you at the same place on Poosan Beach on Sunday.

⓭ KWANGSOO : Bye-bye, Chrissy. See you soon.

⓮ Chrissy : Thank you for calling me, Hide. Good-bye.

광수는 크리시에게
전화를 건다

광수 : 여보세요, 크리시를 부탁합니다.

크리시 : 전데요.

광수 : 아아, 크리시 ! 광수야.

크리시 : 안녕 광수, 전화해 줘 기뻐.

광수 : 크리시, 안녕.

크리시 : 고마워, 좋아. 윈드 서핑은 어때 ?

광수 : 잘 되어 가. 그런데 이번에는 언제 윈드서핑
을 가르쳐 줄까 ?

크리시 : 다음주 일요일 오후 가르쳐 주겠어 ?

광수 : 좋아.

크리시 : 동생을 데려 가도 좋을까 ?

광수 : 좋아. 다음 일요일 부산비치에서 2시쯤 만나
지 않을래 ?

크리시 : 일요일 부산 비치 같은 장소에서 만나.

광수 : 안녕 크리시. 곧 만나.

크리시 : 전화 고마워 광수. 안녕.

光洙はクリッシーに電話を
かける

光洙：　もしもし，クリッシーをおねがいします。

クリッシー：私です。
光洙：　ああ，クリッシー，光洙だけど。
クリッシー：ハイ，ヒデ，電話してくれてよかった。
光洙：　クリッシー，元気かい。
クリッシー：ありがとう，元気よ。ウインドサーフィンは
　　　　　　どう。
光洙：　うまくいってるよ。ところで，今度は，いつウイ
　　　　ンドサーフィンを教えてあげようか。

クリッシー：じゃー，来週の日曜日の午後，教えていただ
　　　　　　ける。
光洙：　それでいいよ。
クリッシー：妹をつれていってもいいかしら。
光洙：　いいよ。次の日曜日，釜山ビーチで2時ごろ，会わ
　　　　ない。

クリッシー：日曜日，釜山ビーチの同じ場所で会いましょ
　　　　　　う。
光洙：　バイバイ，クリッシー。じゃあね。
クリッシー：お電話ありがとう，光洙。さようなら。

❷ 전화를 받는 사람이 '저입니다'라고 하는 경우에는, This is she나 This is he. 또는, This is she speaking이나 This is he speaking이라고 합니다. 때로는 이것을 생략하여 speaking 만을 사용하기도 합니다.

구어체에서는 It's me. 라고도 합니다만 I am. 으로 만은 사용하지 않습니다.

❹ Hi ! 라고 부르는 것이 한국 사람에게는 실례처럼 들릴지 모르지만 미국 습관상 젊은이들끼리는 서로 이런 식으로 부르고 있습니다.

친근감을 느끼게 하는 것입니다.

I'm glad ~는 '~해 주어 좋다'나 '~해 주어 기쁘다'라는 표현을 나타낼 때 사용합니다.

　예 : I'm gald you reminded me of her birthday.
　　　 (그녀의 생일날을 기억해 주어 기뻐.)
　　　 I'm glad you could come to my graduation.
　　　 (내 졸업식에 당신이 와 주어 기쁩니다.)

❻ I'm fine 은 '좋아, 건강해'라는 표현으로 친한 사이끼리는 Fine. 만을 쓰기도 합니다.

❼ would you like me to~는 '~해 주시겠습니까?'라는 의미로 다른 사람에게 부탁할 때 자주 사용하는 말입니다.

　예 : would you like me to go shopping with you ?
　　　 (물건 사러 함께 가 주시겠습니까 ?)

By the way (그런데)는 화제를 바꿀 때 사용하는 편리한 숙어입니다.

예 : By the way, how was your first date with Mike ?
　　(그런데 마이크와의 첫 데이트는 어땠어 ?)

❽ next sunday 와 this coming sunday는 같은 날을 가리킵니다.

일요일의 경우는 주 첫쨋날로 오해를 일으키는 경우가 적으나 다른 날 예를 들면 월요일에 next Firday 라고 하면 다음 주 금요일인지 그 주의 금요일인지 혼동되는 경우가 있읍니다. 이와 같은 오해를 피하기 위하여 그 주의 금요일을 가리키는 경우에는, this coming Friday (금주 금요일)이라고 써야 할 것입니다.

❾ That's fine 은 상대의 말에 동의할 때에 사용되는데, That's okay 나 That's good. That's all right 등도 사용됩니다. That's fine with me. 라고 하면 '나는 그것으로 좋아요'라는 의미가 됩니다.

'당신만 좋다면 나는 좋아요'라는 말도 That's fine with

me 가 됩니다.

❿ 한국 사람은 자주 Can I bring my sister with me ? 라고 Can을 사용하여 허가를 요구하는데 문법적으로는 my를 사용하는 것이 바른 것입니다.

　예 : May I have a cup of coffee ?

　　　(커피 한 잔 주시겠습니까 ?)

　'물론'을 진열하면 of course가 됩니다만 이 경우 Sure 나 Ceraintly가 옳습니다.

　How about ～ing는 매우 편리한 표현으로 '～하지 않겠습니까 ?'라는 의미입니다.

　예 : How about going to a beach party ?

　　　(비치·파티에 가지 않겠습니까 ?)

　　　How about playing tennis tomorrow ?

　　　(내일 테니스 하지 않을래 ?)

　I'll see you at～ (～에서 만납시다)의 I'll은 I will

의 약자로 미국 사람들이 자주 사용하는 표현입니다. 영국 사람들은 I shall meet you〜라고 말합니다만 미국 사람들은 매우 거드름을 피운다고 생각합니다.

예 : I'll see you at Seoul station.

(서울역에서 만납시다.)

See you soon.은 I'll see you soon의 약자로 문자 그대로 '곧 만납시다' 라는 의미입니다. 이것은 만날 약속을 한 상대에게 안녕을 할 때 사용하는 것입니다.

이 회화 속에서 크리시는 수지를 약칭으로 부르고 있는데 서양 사람들은 친근감을 나타내기 위하여 이런 식으로 사람을 부르곤 합니다.

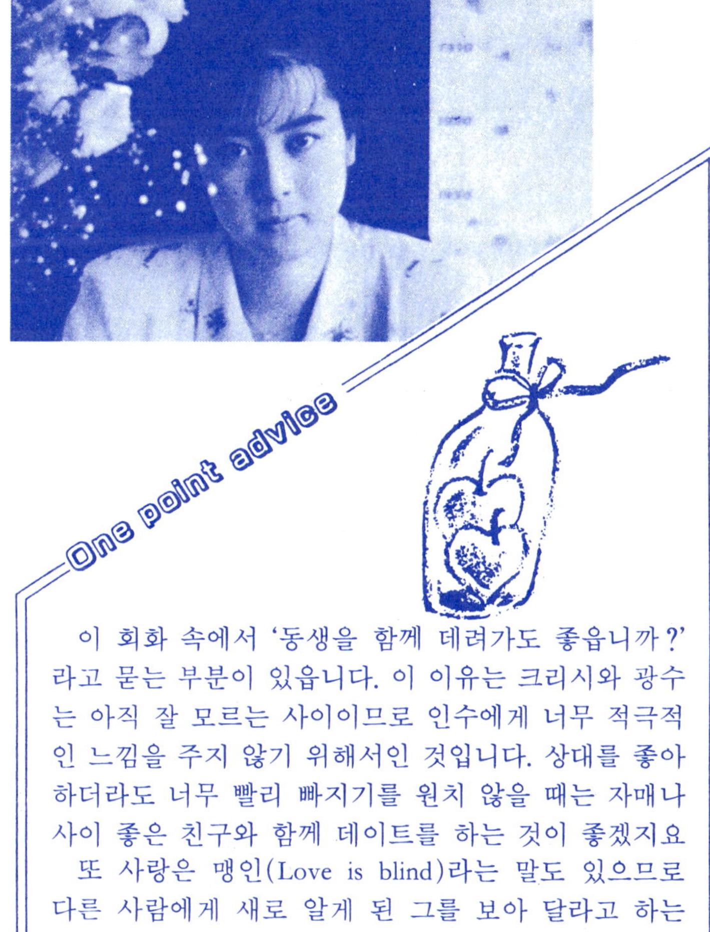

이 회화 속에서 '동생을 함께 데려가도 좋읍니까 ?' 라고 묻는 부분이 있읍니다. 이 이유는 크리시와 광수는 아직 잘 모르는 사이이므로 인수에게 너무 적극적인 느낌을 주지 않기 위해서인 것입니다. 상대를 좋아하더라도 너무 빨리 빠지기를 원치 않을 때는 자매나 사이 좋은 친구와 함께 데이트를 하는 것이 좋겠지요

또 사랑은 맹인(Love is blind)라는 말도 있으므로 다른 사람에게 새로 알게 된 그를 보아 달라고 하는 것도 좋을 것입니다.

여기에서는 일부를 편지를 쓰지 않고 전화로 그와 이야기를 나누고 있습니다. 이 회화를 전화내용 그대로 소개하는 것은 그 내용이 단순히 데이트 약속을 하는 것이기 때문입니다. 그러나 자신의 마음을 전할 필요가 있을 때는 편지로 쓰는 편이 좋겠지요.

III. KWANGSOO FINDS CHRISSY VERY ATTRACTIVE

My Sweetheart Chrissy,

❶   I must tell you how much I love you. You are a terrific girl !

❷   I certainly enjoyed being with you at the Poosan Beach. I have never met anyone like you before in my whole life. The moment I saw you, I knew that you were someone special to me. I want you to be my sweetheart.

❸   I would like to meet you again next Saturday. Let's go to the MyungBo Theater to see an American movie, the "Love Story." I can hardly wait to see you again. Please write to me soon.

❹   I miss you very much.

All my love,
KWANGSOO

광수는 크리시를 매우
좋아하게 된다

나의 연인 크리스에게

내가 당신을 얼마나 사랑하고 있는지 전하고 싶습니다.

당신은 최고로 멋진 여자입니다.

부산 해변에서 당신과 함께 보낼 수 있어 매우 즐거웠습니다. 당신과 같은 여자와는 지금까지 만난 적이 없습니다. 처음 당신과 만난 순간부터 나는 당신을 특별한 사람이라고 생각했습니다.

나의 연인이 되어 주십시오.

다음 토요일에 또 만나고 싶습니다만. 명보극장으로 미국 영화 '러브 · 스토리'를 보러 갑시다.

당신과 또 빨리 만나고 싶어 견딜 수가 없습니다. 부디 곧 답장 주십시오.

당신을 사랑합니다.

사랑을 담아
광수

洙はクリッシーを大変好きに
なる

僕のスイートハート，クリッシーへ
　僕が君のことを，どんなに愛しているか伝えたいのです。君は，最高にステキな女の子です。
　釜山ビーチで君といっしょに過ごせて，とても楽しかったです。君のような女の子には，今まで会ったことがありません。はじめて君に会った瞬間から，君は僕にとって特別な人だと思いました。僕のスイートハートになってください。
　次の土曜日に，またお会いしたいのですが。明寶劇場に，アメリカ映画「ラブ・ストーリー」を見に行きましょう。
　君にまた会うことが待ち遠しくて仕方ありません。どうか早く返事をください。

　君が恋しくてたまりません。

愛をこめて
SOO

❶ terrific은 속어적인 표현입니다만 젊은 사람이 멋진 상대에게 사용하는 형용사입니다.

예 : John is a terrific guy !

　　（죤은 멋진 남자야）

❷ being with you (당신과 함께 있다)는 '함께 시간을 보내다'라는 것만을 가리키는 것이 아니고 함께 한 행동 모두를 포함하고 있습니다.

예 : I always enjoy being with you.

　　（언제나 당신과 함께 있으면 즐겁습니다.）

in my whole life는 직역하면 '생애를 통하여' 라는 뜻이 됩니다. 조금 과장된 감정 표현인 것 같지만 상대에게 강한 인상을 주고 싶을 때에는 자주 사용합니다. never를 사용하면 보다 더 강한 말이 됩니다.

예 : I have never seen such a good—looking man in my whole life.

　　（그처럼 핸섬한 남성과는 일찌기 만날 적이 없습니다.）

The moment I saw you (처음 당신과 만난 순간부터)

이것은 첫눈에 반했을 때나 처음 만난 순간 강한 인상을 받았을 때 상대에게 사용하는 말입니다.

물론 다소 과장된 말이지만 이 표현도 잘 사용하면 효과적입니다.

예 : The moment I saw you, I fell in love with you.

　　（처음 본 순간부터 당신을 사랑하게 되었습니다.）

someone special이란 단순히 '특별한 사람' 이라는 것

이 아니고 '소중한 사람' 즉 연인을 의미합니다.

　예 : He is someone special to me.

　　　(그는 나에게 있어서 소중한 사람입니다.)

　sweetheart 는 보통 여성의 애인이나 연인을 부를 때 사용됩니다.

　예 : she is my sweetheart.

　　　(그녀는 나의 연인입니다.)

❸ Let's 는 Let us의 약자로 '함께 ~합시다'라는 표현입니다.

  예 : Let's eat lunch !

    (점심하자 !)

    Let's go dancing !

    (댄스하러 가자)

can hardly wait는 직역하면 '거의 기다릴 수가 없다'라는 뜻이지만 이 표현은 '매우 기다리고 있다'라는 기분을 전할 때에 사용합니다.

  예 : she can hardly wait to see her boyfriend in Honolulu.

    (그녀는 호놀루루에서 보이 프렌드를 만나기를 매우 기다리고 있습니다.)

❹ I miss you 는 러브 레터에서 자극 쓰이는 표현입니다. miss라는 동사에는 주로 4가지 다른 의미가 있습니다. 이 예문과 같이 '당신을 사랑합니다'라는 의미와 '당신과 길이 엇갈리다' '(학교 등)에 가지 않다' '가지 않아 손해를 보다'가 있습니다. 잘못 사용하면 엉뚱한 뜻이 됨으로 주의하여 사용해 주십시오.

예 : I miss you very much chrissy !

(크리시, 나는 당신을 사랑합니다)

chrissy, I hope I won't miss you at the carnival)

(크리시 카니발에서 길이 엇갈리지 않았으면 좋겠는데 !)

You missed school yesterday.

(어제 학교에 오지 않았지 ?)

You missed a good TV program.

(너는 좋은 TV 프로그램을 보지 못해 손해다.)

┌─ **One point advice** ─┐

이 편지에서는 그는 매우 적극적으로 그녀에게 자신의 기분을 전하고 있습니다. 한국적인 감각으로는 이런 분명한 표현을 하면 좀 질리게 될지 모르지만 영어로 러브 레터를 쓸 때는 이 정도로 적극성을 띄어도 그다지 이상하지 않습니다. 남성은 조금 창피하더라도 처음부터 자신의 기분을 상대에게 전할 필요도 있읍니다. 오히려 확실하게 말하는 남성다움에 여성이 저버릴 수도 있는 것입니다.

IV.CHRISSY LIKES KWANGSOO, TOO

Dear KWANGSOO,

❶ Thank you for your kind letter. I am so flattered to hear that you love me. But I cannot promise to be your sweetheart now. I really don't know you very well, and I am much too young to make a commitment to anyone. This does not mean that I don't like you. I think you are a very nice person. For now, I want to remain as your good friend.

❷ I will be more than happy to go out with you. Please call me and let me know when and where I should meet you next Saturday.

Your best friend,
Chrissy

크리시도 광수에게
호의를 갖는다

광수에게

친절한 편지 감사합니다. 당신을 나를 사랑하고 있다는 것을 알고 매우 기뻤습니다. 그러나 지금 당신의 연인이 되겠다고 약속할 수는 없습니다. 당신에 대해 잘 알고 있지 못하고 아직 어리므로 누구와도 그런 약속은 할 수 없습니다. 당신이 싫다는 뜻은 아닙니다. 당신은 매우 좋은 사람이라고 생각하고 있습니다. 다만 지금은 당신의 좋은 친구로 있고 싶은 것입니다.

앞으로도 기꺼이 당신과 데이트하겠습니다. 다음 토요일, 언제 어디에서 만나는 것이 좋을지 전화해 주셔요.

당신의 가장 가까운 친구 크리시

クリッシーも 光洙に好意をもつ

光洙

　ご親切なお手紙ありがとう。あなたが私を愛してくださっているということを知り，とてもうれしく思います。でも，今あなたの恋人になることは，お約束できません。あなたのことを，よく知りませんし，まだ若いので，誰ともそのような約束はできません。あなたがきらいだというわけではありません。あなたは，とてもいい方だと思います。ただ今のところは，あなたの良い友達でいたいのです。

　これからも喜んであなたとデートします。次の土曜日，いつ，どこでお会いしたらよいか，お電話してください。
　　　　　　　あなたのベスト・フレンド
　　　　　　　クリッシー

❶ flatter라는 단어에는 여러 가지 뜻이 있으나 이 경우에는 '기쁘다'라는 의미로 해석하는 것이 바릅니다.

예 : He always flatters me.

　　(그는 나에게 항상 알랑거린다.)

commitment라는 단어는, promise(약속) 보다도 강한 맹세를 가리키며 남녀 관계의 경우에는 특정한 상대에게 그 외의 사람은 사귀지 않겠다는 약속을 하는 것입니다. 따라서 commitment를 하고 난 다음에서 서로 다른 이성친구를 사귈 수 없는 것입니다. 그러므로 쉽게 commitment를 해서는 안됩니다.

does not mean~ 이라는 표현은 직역하면 '~이라는 의미는 아닙니다'가 됩니다만 그 외에 '~할 생각은 아닙니다'라는 표현으로도 사용됩니다.

예 : I didn't mean to hurt you.

　　(상처 입힌 생각은 아니었다.)

　　I didn't mean to trouble you.

　　(폐를 끼칠 생각은 아닙니다.)

for now는 '지금 당장은' 이라고 해석됩니다만 이것은 '지금은 ~ 이지만' 나중에 생각이 바뀔 지도 모른다는 것을 암시하고 있습니다. 그러므로 인수가 크리시의 좋은 보이 프렌드가 되기 위해 열심히 노력한다면 그녀는 마음이 바꾸어 그의 걸 프렌드가 될 지도 모른다는 것을 의미합니다.

❷ go out with는 문자 그대로 해석하면 '함께 나간다'라는 뜻이지만 이 경우 '데이트하러 나간다'라는 것을

가리킵니다. 때때로 go out on a date 라고도 합니다만
일반적으로는 이 표현을 씁니다.

　예 : Would you like to go out with me tomorrow eve-
　　　ning ?

　　　(내일 밤 나와 데이트해 주시지 않겠습니까 ?)

more than happy to ～라는 표현은 very happy to ～
와 같은 의미로 '정말 기쁘게 ～하다'라는 뜻입니다.

　예 : I'll be more than happy to help you with your
　　　homework.(기꺼이 숙제를 도와 드리겠습니다.)

One point advice

　　이 광수와 크리시의 편지는 인수가 너무 적극적으
로 나오기 때문에 크리시가 일부러 냉정함을 보이고
있읍니다. 본문에서 알 수 있듯이 크리시도 광수에게
끌리고 있읍니다. 그러나 쉽게 Yes라고 대답해 버리면
인수가 가볍게 볼지도 모르므로 주의하고 있는 것입
니다.

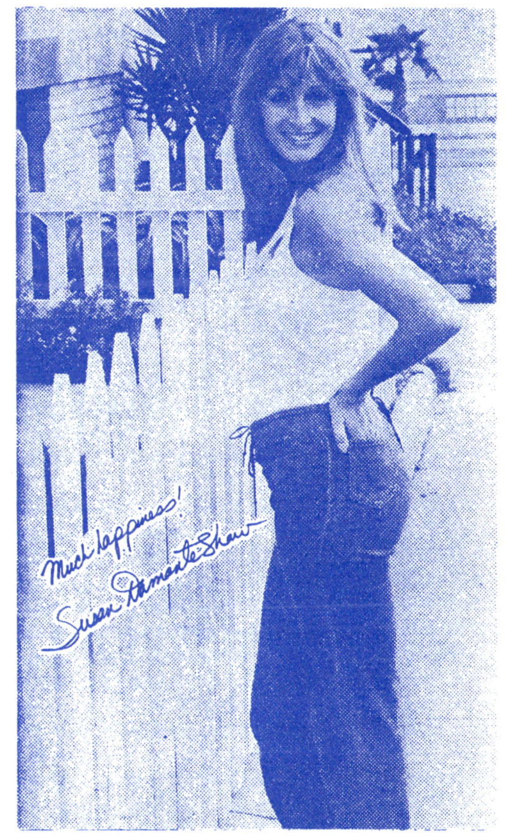

미국에서는 곧 Yes라고 대답하는 여성을 남자들 끼리 She is easy. (그녀는 간단히 내 사람이 되게할 수 있다)라고 말하며 얕보는 것입니다.

사랑은 너무 쉽게 달아 오르는 것보다 천천히 서로를 알아 가며 사랑의 싹을 키우는 것이 현명할 것입니다.

V.KWANGSOO **IS CRAZY ABOUT CHRISSY**

My Sweetheart, Chrissy,

❶　After I kissed you and said good-bye to you, I walked back to the train station and took the train home. I was thinking about you all the way home.

It was such a wonderful evening——our first kiss and the wonderful romantic movie! Like Oliver in the "Love Story," I will love you forever no matter what happens.

Love is so wonderful! I don't remember everything that Oliver said to Jenny at their wedding, but I recall a part of the poem. "I give you my hand! I give you my love more precious than money. Will you give me yourself? Will you come travel with me? Shall we stick by each other as long as we live?"

❷　Of course, I know it's too early to talk about our marriage. And we aren't even engaged, but I want to have a simple and beautiful wedding like Oliver and Jenny. This all may sound silly to you, but I wanted to tell you how I felt about you this evening.

Chrissy, I miss you very much.

All my love, SOO

광수는 크리시에게
열중한다

나의 스윗 하트, 크리시

당신에게 키스하고 안녕한 다음 나는 역으로 돌아가 전철로 집으로 돌아갔습니다. 집으로 돌아가는 도중 쭉 당신을 생각했습니다.

얼마나 멋진 저녁이었던가…… 우리들의 첫 키스와 그 멋진 낭만적인 영화. '러브·스토리'의 올리버와 같이 나는 어떤 일이 일어나더라도 당신을 영원히 계속 사랑할 것입니다.

사랑이란 매우 멋진 것입니다. 나는 결혼식 때 올리버가 제니에게 말한 것 전부를 기억하고 있지는 않지만 그 시의 일부를 떠올리고 있습니다. 나는 당신께 결혼 맹세를 합니다. 돈 보다도 가치있는 나의 사랑을 바칩니다. 니와 함께 여행을 가지 않겠습니까? 살아 있는 한 함께 합시다.'

물론 우리들의 결혼에 대하여 이야기하는 것은 너무 이르다는 것을 알고 있습니다. 그리고 우리들은 아직 약혼조차 하지 않았지만 나는 올리버와 제니처럼 간소하고 아름다운 결혼식을 올리고 싶습니다. 당신에게는 이것이 전부 어리석은 이야기로 들릴지 모르지만 나는 오늘밤 당신에 대해 느낀 것을 전하고 싶은 것입니다.

크리시, 매우 사랑합니다.

사랑을 담아 광수

洙はクリッシーに夢中になる

僕のスイートハート，クリッシー

　君にキスをして，さよならをいってから，僕は駅にもどり，電車で家に帰りました。家に帰る途中，ずうっと君のことを考えていました。

　なんて，すてきな夕べだったんだろう……僕たちのはじめてのキスと，あのすばらしくロマンチックな映画。「ラブ・ストーリー」のオリバーのように，僕はどんなことが起こっても，君を永遠に愛し続けます。

　愛とは，とてもすばらしいものですね。僕は，結婚式のときにオリバーがジェニーに言ったことを全部はおぼえていないけれど，あの詩の一部を思い出しました。「私はあなたに結婚の誓いをします。お金よりも価値のある，私の愛をささげます。私とともに旅に出てくださいませんか。生きているかぎり，いっしょに暮しましょう」

　もちろん，僕たちの結婚について話をするのは早すぎることは知っています。そして，僕らはまだ婚約さえしていないけれど，僕は，オリバーとジェニーのように，シンプルで美しい結婚式をあげたいのです。君には，これは全部バカげた話のように聞こえるかもしれないが，僕は，今晩君に対して感じたことを伝えたかったのです。

　クリッシー，僕は君が恋しくて仕方がありません。

愛をこめて　광수

❶ thinking about은 이 경우 단순히 '~에 대하여 생각하고 있다'가 아니고 '생각을 모으고 있다'라는 의미가 되는 것입니다. 따라서 연인이 상대를 사랑하는 경우와 시험 등에 관해 생각하는 경우에는 같은 말을 사용해도 의미는 달라지는 것입니다.

all the way home은 '집으로 돌아가는 도중에 쭉'이라는 의미로 집에 도착할 때까지 어떤 행동을 계속했을 때 사용합니다.

예 : My sister and I talked about our boyfriends all the way home.

(언니와 나는 집에 닿을 때까지 보이 프렌드에 대해 이야기하면서 돌아갔습니다.)

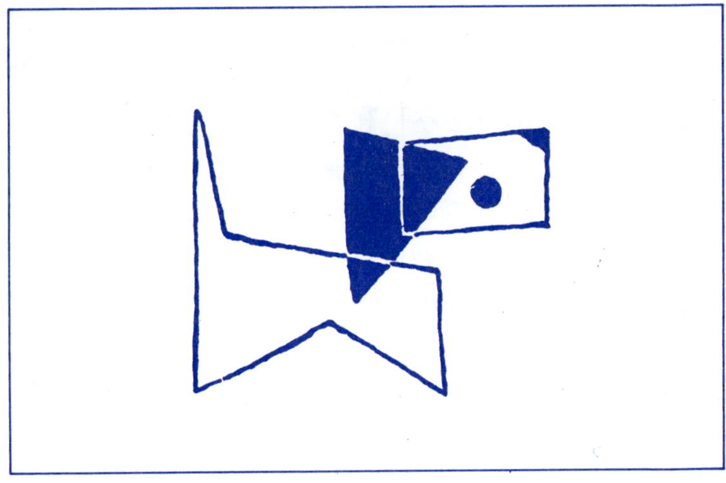

그리고 '누구와 나'라고 쓸 때는 반드시 상대를 먼저 씁니다.

　예 : John and I went dancing.

　　　(쫀과 나는 춤추러 갔습니다.)

　　　You and I should team up.

　　　(당신과 내가 팀이 되어야 한다)

no matter what happens (무슨 일이 일어나더라도) 라는 표현은 이 경우 영원히 사랑하겠다는 것을 강조하기 위하여 사용하고 있습니다.

　예 : No matter what happens to him, I will never leave him.

　　　(그에게 무슨 일이 일어나더라도 나는 결코 그를 버리지 않을 것이다.)

remember와 recall은 이 경우 같은 의미이지만 영문에서는 하나의 문속에 같은 단어를 두번 반복해 쓰지 않는 습관이 있습니다. remember는 또하나의 의미가 있습

니다. 그것은 '누군가에게 안부를'이라는 의미로, Remember me to your parents. (양친에게 안부 전해 주셔요)라고 사용됩니다. 또 일반적으로는 Please give me best regards to나 with best regards 라고도 합니다.

I give you my hand는 I give you my hand in marrige의 약자입니다. 기독교적인 결혼식에서는 결혼하는 두 사람이 제단 앞에서 손을 겹치고 결혼맹세를 합니다. 따라서 이 경우의 hand는 '손'이 아니고 '결혼의 맹세'라고 해석합니다.

또 이 외의 경우에 Shall I give you a hand?라고 하면 '도와드릴까요?'라는 의미가 됩니다.

yourself를 직역하면 '당신 자신'이 되지만 이 경우 '당신의 모든'으로 해석하는 것이 좋습니다.

travel은 '여행하다'라는 의미입니다만 '인생이라는 여행에 함께 나가자'라는 의미가 포함되어 있습니다.

stick by each other은 속어적인 표현으로 '서로 꼭 붙어 살다'라는 의미입니다. 바른 영어로 표현하자면 live together 나 stay together가 됩니다.

또 stick by 나 stick to 라고 하면 부부나 친구끼리 어떤 일이 있어도 서로를 버리지 않는다는 강한 의미가 있습니다.

　예 : Let's stick to each other through thick and thin.
　　　(좋은 일도 나쁜 일도 함께 노력하자)

❷ it's too early to talk about～는 '～에 대하여 이야기하는 것은 시기가 이르다'라는 의미입니다. too early 는 too soon이나 premature로 바꾸어 사용해도 좋습니다.

◎ One point advice

　연애를 하고 있는 여성에게 처음 키스하는데는 용기와 좋은 기회가 필요합니다. 그녀가 '키스해도 좋아요'라는 태도를 보일 때에 자연스럽고 가볍게 키스해야 하는 것입니다. 또 처음부터 키스를 요구하거나 껴안거나 하면 여성은 화를 내어 애써 만든 분위기를 깨게 되고 남성은 창피를 당하게 됩니다.

　미국에서는 데이트 후 집까지 바래다 준 그에게 '고마워요. 잘자요'라는 의미로 키스를 가볍게 뺨이나 입술에 해 주는 것이 습관입니다. 이것은 I love you. 의 키스가 아니므로 오해하면 곤란합니다.

예 : It's too early too talk about next year's ski trip.
(내년 스키 여행에 대해 이야기 하는 것은 너무
이르다.)

It's too soon to talk about dinner. We just had
lunch. (저녁 식사에 대해 이야기하기는 너무 일
러요. 방금 점심을 먹었는데)

may sound silly는 겸손할 때에 자주 쓰이는 표현입니
다. silly 외에 foolish나 stupid나 dumb라는 단어도 사용
합니다.

예 : I may sound foolish to you but~
(내가 하는 말은 당신에게 바보스럽게 들리지도
모르지만~)

이 러브 레터에는 휘트먼의 시가 잘 인용되어 있습
니다. 휘트먼은 '풀잎'이라는 시집으로 유명한 미국 시
인으로 사랑의 시도 많이 지었습니다. 미국 젊은이들
사이에서는 이와 같은 유명한 시를 일부러 사용하여
자신의 타오르는 애정을 상대에게 전하는 경우가 자
주 있습니다. 특히 고등 학교나 대학에서 같은 문학
강좌 등에서 배운 시나 소설 일부를 인용하여 자신의
마음을 전하는 것은 센스있는 일이며 효과적입니다.
인용한 경우에는 시를 지은 사람의 이름을 인용부 뒤
에 써넣는 것이 상식으로 되어 있습니다.

VI. CHRISSY THINKS KWANGSOO IS A NICE PERSON

My Good Friend, SOO,

❶   Thank you for taking me home after the show. I also enjoyed the evening very much. I think Jenny in the movie is a lucky girl to have such a super boyfriend like Oliver whom she married later. Perhaps, such a wonderful love affair can happen only in a movie. Someday our friendship may develop into a beautiful relationship like Jenny and Oliver's.

❷   I just received two tickets to a movie, "Windsurfing in Hawaii." I'm sure you will love it. I heard that Robbie Naish, a world champion windsurfer, is playing the major role.

❸   If you are driving, could you pick me up at my house ? I think the movie starts at 3 o'clock Sunday afternoon.

Love,
Chrissy

크리시는 광수가 매력적인 사람이라고 생각한다

나의 좋은 친구 광수

영화를 본 다음 집까지 바래다 주어 고마워요. 나도 즐거운 밤을 보냈습니다. 그 영화의 제니는 후에 결혼한 올리버와 같은 멋진 보이 프렌드를 가진 행복한 여성이라고 생각합니다. 아마 그와 같은 멋진 연애는 영화 속에서만 있을 수 있는 일이라고 생각합니다. 우리들의 우정도 장래 제니와 올리버처럼 멋진 관계가 될지도 모르지만요.

'윈드서핑·인·하와이' 라는 영화표 두장이 2, 3일 전에 손에 들어왔습니다. 분명 당신도 좋아하시겠지요. 세계 윈드서핑 챔피온 로비·네쉬가 주연을 했다고 합니다.

만일 차를 몰고 가려면 우리 집까지 마중와 주셔요. 영화는 일요일 오후 3시에 시작된다고 생각합니다.

사랑을 담아
크리시

クリッシーは洙が魅力的な人だ
と思う

私の良い友達, 洙

　映画のあと家まで送ってくださってありがとう。私も, 楽しい夕べを過ごしました。あの映画のジェニーは, 後に結婚したオリバーのような, スーパー・ボーイフレンドをもって幸福な女性だと思います。たぶん, あのようにすばらしい恋愛は, 映画の中でしかありえないと思います。私たちの友情も将来ジェニーとオリバーのようにすばらしい関係になるかもしれませんね。

　「ウインドサーフィン・イン・ハワイ」という映画の切符が2枚, 2, 3日前に手に入りました。きっと, 楽しめるでしょう。世界ウインドサーフィンチャンピオンのロビー・ナッシが主役を演じているそうです。

　もし車を運転してくるのでしたら, 私の家まで迎えにきてください。映画は, 日曜日の午後3時に始まるのだと思います。

愛をこめて
クリッシー

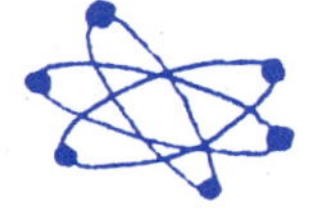

❶ show라고 하면 우리들은 스테이지·쇼만을 의미하지만 영어에서는 movie(영화)에도 show 라는 단어를 사용합니다.

super란 '여러 면에서 멋진'이란 의미로 젊은 미국 여성들은 그런 남자를 Super guy 나 He is super ! 라고 합니다.

love affair은 '깊은 연애 관계'라는 의미입니다. 정사(情事)도 Love affair라고 합니다.

develop into~는 '~으로 발전시키다, 키우다'라는 의

미입니다.
  예 : Seating together on an airplane deveoped into a
    lifetime friendship.
    (비행기에서 옆자리에 앉은 것이 생애의 우정으
    로 발전했다.)
relationship은 여러 가지 대인 관계에서 사용합니다.
이 경우에는 연애관계를 의미합니다. 또, physical relat-
ionship 이라고 하면 육체 관계를 의미합니다.
  ❷ Just received를 직역하면 '지금 막 받았다'이지만

  '최근'이나 '2, 3일 전'이라는 때도 just를 사용합니다.

　예 : She just returned from Europe.

　　　(그녀는 유럽에서 막 돌아왔습니다.)

  play the major role 은 '주연하고 있다' 혹은 '중요한 역할을 하고 있다'라는 의미입니다.

　예 : Dustin Hoffman played the major role in the 'Tootsie'. (더스틴 · 호프만은 '투씨' 라는 영화에서 주역을 연기했다.)

❸ pick me up 이라는 숙어는 '차로 마중 오다' 라는

의미입니다. 미국에서는 데이트를 할 때는 보통 남성이 집까지 마중와서 또 집까지 보내 주는 것이 관습으로 되어 있읍니다. 한국 남성들처럼 역 앞이나 찻집에서 만나고 전철 역 개찰구에서 헤어지면 미국여성들은 에티켓을 모르는 남자라고 생각하여 연인이 되어 주지 않을 것입니다.

One point advice

크리시의 광수에 대한 답장에는 첫 키스에 대해서는 전혀 언급하지 않고 있습니다. 여성은 키스 받은 것이 기쁘더라도 그 일에 대해서는 편지에 쓰지 않는 것이 좋습니다. 그것은 '두사람 만의 비밀'로써 가슴 속에 담아 두는 것입니다.

이 편지에서 크리시는 표를 2장 얻었다고 썼지만 사실은 크리시 자신이 광수를 위하여 그가 매우 좋아하는 윈드서핑 영화표를 사둔 것이겠지요? 그러나 자신이 샀다고 하면 광수가 보답을 하려 하거나 혹시 프라이드에 상처가 갈지도 모르므로 살짝 거짓말을 한 것입니다. 뒤에 그것이 거짓말이었다는 것을 알게 되더라도 광수는 기뻐할 것입니다.

만일 좋아하는 사람에게 데이트를 신청하기가 어려울 때는 '오페라 입장권을 두 장 갑자기 병이 난 친구에게서 얻었는데'라고 하거나 '연극표가 생겼는데 함께 가지 않겠읍니까?'라고 말하면 좋겠지요?

Some say a friend
is one who shares
both bright and cloudy days,
Someone who makes you happy
in so many thoughtful ways,
Someone with whom
you can discuss
the little things you've planned,
Or just keep silent··
somehow friends
will always understand…

Dear Chrissy,

"What is a friend?"··
a friend is this,
and so much more, I know,
Because I've had
the luck to have
a friend who's proved it so!

Happy Birthday
To a Wonderful Friend!
a Belated Birthday Card

Love
Genie

VII. KWANGSOO ASKS CHRISSY TO GO TO HAWAII WITH HIM

My Sweetheart, Chrissy,

❶ Thank you so much for inviting me to the "Windsurfing in Hawaii." I enjoyed every moment of the exciting movie. You know how crazy I am about windsurfing, Chrissy, and I thank you for your thoughtfulness.

❷ I am happy to tell you that I am selected to represent KOREA in the Pan Pacific Windsurfing Championship at the Diamond Head Beach Park in Hawaii on July 23rd and 24th. I am so excited about this trip to Hawaii! Of course, I would like you to come with me because I plan to spend another week for sightseeing and for more windsurfing. I need you there, Chrissy, because I'll be very lonely without you.

❸ Please let me know if you can come with me. I think it will be a fun trip for us.

All my love,
SOO

광수는 크리시를 하와이 여행에 이끈다

　나의 스윗하트 크리시

　'윈드서핑·인·하와이' (영화)에 초대해 주어 고맙습니다. 나는 그 감동적인 영화를 처음부터 끝까지 즐겼읍니다. 크리시 당신도 알고 있듯이 나는 윈디서핑에 열중해 있읍니다. 그러므로 당신의 깊은 생각을 감사하게 생각하고 있습니다.

　기쁜 소식이 있습니다. 나는 7월 23일과 24일 하와이의 다이야몬드 헤드비치에서 열리는 팬·퍼시픽·윈드서핑 챔피온쉽대회에 한국 대표로 뽑혔습니다. 나는 이 하와이 여행이 매우 기쁩니다. 물론 당신과 함께 가고 싶읍니다. 왜냐하면 나는 관광과 좀 더 윈드스핑을 하기 위하여 1주일 동안 더머물 생각이기 때문입니다. 크리시 나는 당신이 없으면 매우 쓸쓸하기 때문에 그곳에 함께 가고 싶은 것입니다.

　나와 함께 여행할 수 있는지 어떤지 알려 주십시오. 분명 우리들에게 있어서 매우 즐거운 여행이 될 것입니다.

사랑을 담아

광수

洙はクリッシーをハワイ旅行に
さそう

　僕のスイートハート，クリッシー
「ウインドサーフィン・イン・ハワイ」（の映画）に招待
してくださって，ありがとう。僕は，あの感動的な映画の
一部始終をエンジョイしました。クリッシー，君も知って
のとおり，僕はウインドサーフィンに夢中です。だから君
の思いやりは，ありがたいと思っています。
　うれしい知らせがあります。僕は，7月23日と24日に
ハワイのダイヤモンドヘッド・ビーチ・パークでもよおさ
れるパン・パシフィック・ウインドサーフィンのチャンピ
オンシップ大会に，韓國代表として選ばれました。僕はこ
のハワイ旅行がうれしくてたまりません。もちろん，君に
もいっしょに来てもらいたいと思っています。というのは，
僕は観光と，もっとウインドサーフィンをするために，も
う1週間滞在するつもりだからです。クリッシー，僕は君
がいないととても淋しいので，そこにいっしょにいてほし
いのです。
　僕といっしょに行けるかどうか，教えてください。きっ
と僕たちにとって，とても楽しい旅行になるでしょう。
愛をこめて
洙

❶ crazy about ~은 '~에 열중하다'라는 의미입니다.

예 : He is crazy about disco dancing.

(그는 디스코 · 댄스에 열심입니다.)

He is crazy about her.

(그는 그녀에게 열을 올리고 있다.)

Chrissy라는 이름을 글 속에 끼워 넣는 것은 상대의 주의를 끌고 싶을 때나 자신의 말(특히 감정적인)을 강조하고 싶을 때 사용합니다.

예 : Mike, I am so happy !

(마이크 (들어줘), 나는 매우 행복해)

❷ I am happy to tell you~ 이 문을 직역하면 '당신

에게 알리는 것이 기쁘다'입니다만 실제로는 알리는 그 자체가 기쁜 것이 아니고 앞으로 알릴 사실의 내용을 기뻐하고 있는 것입니다.

  예 : I am happy to tell you that I am engaged to Mike.
     (마이크와 약혼한 것을 기뻐하며 알린다)

Spend another week for~는 '~을 위하여 1주일 동안 더 머문다'라는 뜻입니다.

  예 : She spend another week for shopping in Paris.
     (그녀는 물건을 사기 위하여 파리에 1주일 동안 더 머물렀다)

I need you는 직역하면 '나는 당신이 필요하다'라는 의미가 됩니다. 위의 예문에서는, I need you to stay with

me there의 약자입니다. 또 I need your love (당신의 사랑은 원한다)나 I need your help (당신의 도움을 원한다)라는 여러가지 의미가 있으므로 무엇을 의미하고 있는지 상황에 따라 판단해야 합니다.

I need all of you. (당신의 모든 것을 원합니다)라고 말하면 특히 주의해야 할 것입니다.

lonely without you.는 (당신 없이는 쓸쓸합니다)라는 뜻으로 러브레터에서는 자주 사용됩니다.

예 : I fell so lonely without you.

　　　(당신이 없어 매우 쓸쓸합니다.)

혼자 여행을 떠나 연인에게 편지를 보낼 때 가장 좋은 표현입니다.

❸ 함께 간다는 것을 영어로 말하면 go with me와 come with me가 있읍니다. 조금 그 용법에 차이가 있습니다.
　예 : Let's go with me.
　　　(나와 함께 갑시다.)
　　　please come with me.
　　　(함께 와 주십시오)

　　사랑하는 젊은 두사람이 해외 여행을 함께 떠난다니 사랑을 깊게할 수 있는 멋진 기회이겠지요? 그러나 그것은 불가능할지도 모릅니다. 그렇다고 해서 '나는 하와이에 갑니다. 그동안 건강하게 집에 있어요. 선물은 무엇이 좋을까요?'라고 처음부터 일방적으로 정하는 것보다 일단은 그녀에게 권해 보아야 할 것입니다. 그렇게 하면 그녀는 실제로는 갈 수 없어도 함께 가자고 말해 준 것을 고맙게 생각할 것입니다. 이와 같이 한번 권해 보는 것도 연인에게 자신의 마음을 전할 좋은 기회인 것입니다.

VIII. CHRISSY ASKS KWANGSOO TO WRITE FROM HAWAII

My Dear SOO,

I am very glad to hear that you are going to represent KOREA in the windsurfing championship. I really want to go to Hawaii, but my mother is worried about me because I am only seventeen.

❶ Will you write to me from Hawaii ? I know you will meet a lot of interesting people there and have a good time. I will be praying that you will do well in the championship.

❷ Take a very good care of yourself, and be good !

Love,
Chrissy

크리시는 광수에게
하와이에서 편지 보낼 것을
청한다

친애하는 광수에게.

당신이 한국 대표로 윈드서핑·챔피온쉽에 가게 되었다는 것을 알고 매우 기뻤습니다. 저도 하와이에 매우 가고 싶지만 아직 17살이기 때문에 어머니께서 걱정하고 계셔요.

하와이에서 편지 주셔요. 그곳에서 좋은 사람도 많이 만나고 즐거운 시간을 보낼 수 있을 것이라고 생각합니다. 당신이 챔피온쉽에서 좋은 성적을 거두도록 빌고 있습니다.

건강에 주의하셔요.

사랑을 담아
크리시

クリッシーは洙にハワイからの
手紙を頼む

親愛なるSOO

　あなたが韓國代表でウインドサーフィン・チャンピオン
シップに行くことを知り，とてもうれしく思います。私も
ハワイにとても行きたいのですが，まだ17歳なのでママが
心配しているのです。

　ハワイからお手紙をくださいね。あちらでたくさん良い
人に会い，楽しい時を過ごされると思います。あなたがチ
ャンピオンシップで良い成績をあげられるように，祈って
います。
　お体を大切に。そして，いい子でいてね。

愛をこめて
クリッシー

❶ interesting people 을 직역하면 '재미있는 사람들'이 되지만 사실은 그것이 아니고 좋은 사람들, 도움이 될 만한 사람들이라는 뜻입니다.

❷ take care는 '주의 하다'라는 의미와 '신변을 돌보아 주다'라는 두가지 의미가 있습니다.

예 : Mrs. Lambert took care of me.
(램버트 부인은 나를 돌보아 주셨다)
Thank you for taking care of me.
(돌봐 주셔서 감사합니다.)

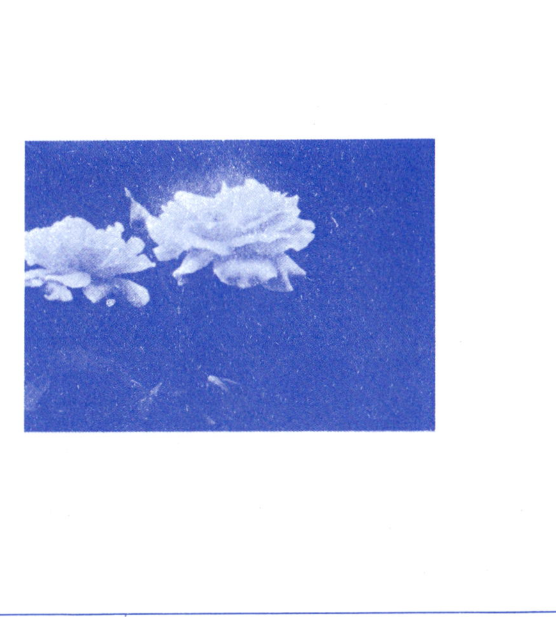

IX. KWANGSOO SENDS CHRISSY A POSTCARD FROM HAWAII

My Sweetheart Chrissy,

❶ Aloha! I just checked in at this hotel. Hawaii's sky is so blue and the Waikiki Beach is just fantastic. I really, really wish you were here with me. I will rent a car this afternoon and go to Windsurf Hawaii in order to make an arrangement to rent windsurfing equipment.

❷ I am a little nervous about the preliminary competition, but I do hope I will qualify for the finals. I will start my practice as soon as I get the equipment. I will write to you again very soon.

All my love,
SOO

광수는 크리시에게 하와이에서 엽서를 보낸다

나의 스윗하트, 크리시에게

알로하 ! 방금 이 호텔에 체크인했습니다. 하와이의 하늘은 매우 푸르고 와이키키의 해변은 정말 멋집니다.

진심으로 당신이 나와 함께 이곳에 왔었더라면 얼마나 좋았을까 하고 생각하고 있습니다.

오늘 오후 차를 빌려 윈드서핑 도구를 빌려 손질하기 위하여 윈드서프 · 하와이(가게)에 갈 것입니다.

예선 일로 조금 걱정이 됩니다.

결승에 나갈 자격을 얻을 수 있으면 좋겠는데. 도구가 준비되는 대로 연습을 시작할 것입니다. 또 곧 연락하겠습니다.

사랑을 담아

광수

洙はクリッシーにハワイから
はがきを送る

僕のスイートハート，クリッシー

　アロハ。たった今，このホテルにチェックインをしたばかりです。ハワイの空はとても青く，ワイキキのビーチは本当にすばらしいです。君が僕といっしょにここにいてくれたらいいのにとつくづく思います。今日の午後車を借りて，ウインドサーフィンの道具を借りる手配をするために，ウインドサーフ・ハワイ（店）に行きます。

　予選のことはちょっと気がかりだけれども，決勝に出る資格がとれるといいのですが。道具がそろい次第練習を始めます。また，すぐにお便りします。

愛をこめて

光洙

❶ just fantastic을 직역하면 '다만 멋지다'가 되지만 이 경우의 just는 very나 really와 같은 의미로 사용된 것입니다.

예 : His new Porsche is just fantastic !

　　(그의 새 폴셰는 실로 멋이있다.)

really를 두번 반복해 썼는데 이와 같은 방법을 '진심으로 ～이라고 생각한다'라는 표현입니다.

예 : I really, really love you.

　　(진심으로 당신을 사랑하고 있습니다.)

in order to～는 '～을 하기 위하여'라는 의미입니다.

예 : She came all the way from New York in order to see her boyfriend in Seoul.

　　(그녀는 서울의 보이 프렌드와 만나기 위하여 멀리 뉴욕에서 왔습니다.)

❷ I am a little nervous about～ '～에 관하여 조금 신경질적이 되다'라는 의미입니다.

예 : I am a little nervous about meeting my penpal for the first time.

　　(나는 처음 펜팔 친구와 만나는 것이 조금 걱정이다.)

qualify for～ (～의 자격을 얻다)라는 표현은 스포츠 선수가 어떤 경기에 참가하는 자격을 얻다 라는 것을 표현할 때 사용합니다.

예 : He is trying very hard in order to qualify for the All Korea Swimming Team.

(전 한국 수영 팀의 자격을 얻기 위하여 그는
열심히 노력하고 있다.)
finals란 결승전을 가리키며 복수로 나타낸 것은 여러
가지 종목의 결승전이 있기 때문입니다.

　　해외 여행을 떠나 있는 친구로부터 엽서를 받는 것
은 매우 기쁜 일입니다.
　　특히 연인에게는 호텔에 체크인한 다음 그 호텔의
그림 엽서를 사용하여 무사하다는 안부를 전하는 것
과 동시에 그곳이 얼마나 멋진가를 전하는 것입니다.
또 한가지 방법은 비행기 안의 항공 회사의 그림 엽서
로 간단하게 메시지를 써서 도착지의 비행장 우체국
에서 보내는 것입니다.

X.CHRISSY WORRIES ABOUT KWANGSOO IN HAWAII

My Dear SOO,

❶   Thank you for the beautiful postcard from Hawaii. It looks so neat ! I wish I were there, too ! I hope you will do well in the championship. Did you meet a lot of foxy girls on the Waikiki Beach ? I know you can be a popular guy among those beachgoers.

❷   Do you plan to go to the Island of Maui later ? I heard that there are a few excellent beaches for windsurfing over there.

Good luck, KWANGSOO ! And concentrate on windsurfing, OK ?

❸   I'll meet you at the Kim Po Airport. Please call me if your schedule is changed.

Love,
Chrissy

하와이에 있는 광수가
마음에 걸리는 크리시

친애하는 광수에게

하와이에서의 아름다운 그림 엽서 감사합니다. 매우 멋있었습니다. 저도 그곳에 갈 수 있었다면 얼마나 좋았을까요. 챔피온쉽에서 좋은 성적을 올리기를 바라고 있습니다. 와이키키 비치에서 아름다운 여자들과 만났습니까? 당신은 비치에 간 사람들 중에서도 인기가 있을 것입니다.

후에 마우이섬에 갈 생각인가요? 그곳에는 윈드서핑에 아주 적합한 해변이 몇 곳 있다고 하더군요.

힘내요 광수. 그리고 윈드서핑만 열심히 하세요. 알았지요.

공항으로 마중 나가겠습니다. 만일 스케줄이 바뀌면 전화해 주셔요.

사랑을 담아
크리시

ハワイにいる洙が気にかかる
クリッシー

親愛なる 洙

　ハワイからの美しい絵はがきありがとう。とっても，カッコいいですね。私もそこにいられたら，どんなにいいでしょう。チャンピオンシップで良い成績がとれることを，願っています。ワイキキビーチでカッコいい女の子たちに会いましたか。あなたは，ビーチに行く人たちのなかでも，人気者になれますものネ。

　後でマウイ島にも行くつもりですか。あそこには，ウインドサーフィンに最適のビーチがいくつかあるそうです。

　がんばってね，ヒデ。そして，ウインドサーフィンだけ一生懸命にやってね。わかった。

　金浦空港にお迎えに行きます。もしスケジュールがかわったら，お電話してください。

　　　　　　　　　　　　　愛をこめて
　　　　　　　　　　　　　クリッシー

❶ neat라는 단어는 직역하면 '산뜻하다' 라는 의미이지만 이 경우에는 '멋지다'라는 의미로 미국 젊은이들 사이에서 매우 자주 쓰이고 있는 표현입니다.

you can be~는 '(당신이 하려고 생각하면)~할 수 있다'라는 의미입니다.

예 : You can be a nice guy.

(그럴 생각만 있다면 너도 좋은 녀석 될 수 있어.)

심술쟁이에게 농담식으로 하는 표현입니다.

beachgoers 란 빈번하게 해변에 가는 사람들을 가리킵니다. 또 해변에서 일년 내내 어슬렁 어슬렁 거리고 있는 사람들을 beachbum, beachcomber라고도 합니다.

❷ I heard는 '나는 들었다'가 아니고 올바른 표현으로는 '~이라고 합니다'라고 해석해야 합니다.

예 : I heard that Chrissy and In Won are going steady.

(크리시와 인원은 특별한 사이라고 합니다.)

excellent for~는 '~에 가장 적합하다' 또는 '~에는 그만이다'라는 의미로 다음과 같은 경우에 사용됩니다.

예 : Rock music is excellent for a disco party.

(록 음악은 디스코 · 파티에 가장 적합하다)

Jogging is excellent for reducing the weight.

(죠깅은 체중을 줄이는 데는 그만이다.)

❸ meet you at은 '~에서 만나다'라는 의미입니다만 '~까지 마중나가다'라는 때에도 사용됩니다.

예 : I'll meet you at Seoul station.

(서울역에 당신을 마중하러 나갑니다.)

One point advice

　연인을 혼자 해외 여행에 보내고 나면 누구나 상대의 행동이 걱정되겠지요. 질투를 드러내는 것은 좋지 않지만 걱정하고 있다는 것을 조금 전하는 것은 괜찮을 것입니다.
　이 때 사용하는 표현에는 'Be good!' 'stay out of troube' 등이 있습니다.
　이런 때에 '선물을 사와요' 나 '선물 잊지 마셔요' 등의 표현은 삼가하도록 합니다.

XI. KWANGSOO GIVES CHRISSY THE FRIENDSHIP RING

My Sweetheart Chrissy,

❶ Thank you very much for meeting me at the Kim Po Airport. I was so glad to see your beautiful smile once again. As I told you on our way back to Seoul, I met a lot of good-looking girls in Hawaii but I never forgot you even for a second. Chrissy, you are my sweetheart! I was thinking about you all the time during the trip.

❷ I have a big surprise for you! I didn't tell you about this at the airport because I wanted to surprise you later. I bought you a "friendship ring" from Hawaii. It is a gold Hawaiian ring with your mame carved on in black letters. I am sending it to you as a token of my love. Please wear it all the time and remember that I love you. I know you are too young to tie yourself down to anyone yet, but with this ring, I wanted to tell you that I will wait as long as you want me to. I'll find a good job when I graduate from the university next year and save money for our future. Maybe we can get engaged soon after you finish your college education.

I love you, Chrissy, with all my heart.

All my love, SOO

광수는 크리시에게 우정의 반지를 보낸다

나의 스윗하트 크리시에게

김포공항까지 마중나와 주어 감사합니다. 당신의 아름다운 웃는 얼굴을 또 볼 수 있어서 매우 기뻤습니다.

서울로 돌아오는 도중에 말했듯이 나는 하와이에서 많은 귀여운 여자들을 만났지만 당신을 일초도 잊은 적은 없읍니다. 크리시 당신은 나의 스윗 하트인 것입니다. 여행중 나는 쭉 당신을 생각하고 있었습니다.

당신을 나중에 깜짝 놀라게 해 줄 생각으로 비행장에서 이것에 대한 이야기는 하지 않았습니다. 우정의 반지를 하와이에서 사왔던 것입니다. 이것은 하와이 스타일의 금반지로 검은 글씨로 당신의 이름을 새겼습니다. 당신에 대한 사랑의 증거로써 이것을 보냅니다. 언제나 손가락에 끼고 내가 당신을 사랑하고 있다는 것을 잊지 말아 주십시오. 당신이 아직 누구와도 결혼 약속을 하기에는 너무 어리다는 것은 알고 있지만 이 반지를 드려 당신이 바라는 대로 나는 언제까지나 기다리고 있을 것이라는 것을 알려 드리고 싶은 것입니다. 내년 대학을 졸업한 다음 좋은 일을 찾아 우리들의 장래를 위하여 돈을 모을 것입니다. 아마 당신이 대학을 졸업하면 곧 우리들은 결혼할 수 있겠지요.

크리시, 나는 진심으로 당신을 사랑하고 있습니다.

사랑을 담아 광수

洙はクリッシーにフレンドシップ・リングを贈る

僕のスイートハート，クリッシー

　金浦空港まで迎えに来てくれてありがとう。君の美しい笑顔をまた見ることができて，とてもうれしかったです。ソウルに帰る途中で話したように，僕はハワイでたくさんの可愛い子に会ったけれど，君のことは一秒も忘れたことはありません。クリッシー，君は僕のスイートハートなのです。旅行中，僕はずっと君のことを考えていました。

　君を後でびっくりさせようと思ったので，飛行場で，このことについては話しませんでした。フレンドシップ・リングをハワイで君に買ってきたのです。これは，ハワイスタイルの金の指輪で，黒字で君の名前がほってあります。君に対する愛のあかしとして，これを送ります。いつも指にはめ，僕が君を愛しているということを忘れないでください。君がまだ誰とも婚約をするには若すぎるということは知っていますが，このリングをあげて，君が望むままに僕はいつまででも待っているということをわかってもらいたいのです。来年大学を卒業したら良い仕事をさがして，僕たちの将来のためにお金をためます。たぶん君が大学を卒業して間もなく，僕たちは婚約ができるでしょう。

　クリッシー，僕は心から君を愛しています。

　　　　　　　　　　　　　　　愛をこめて

　　　　　　　　　　　　　　　洙

❶ 웃는 얼굴을 직역하면 smiling face 가 됩니다만 보통은 smile 이라고만 씁니다.

예 : Her smile is so cute.

(그녀의 웃는 얼굴은 매우 귀엽다.)

good-looking girl이란 구어적인 표현으로 beautiful girl과 같습니다. 특히 남성은 'Hey ! Good—looking !' 이라고 귀여운 여자를 꼬시는 일이 있습니다.

❷ big surprise는 직역하면 '큰 놀라움'이 되지만 일반적으로는 나쁜 소식 등에는 사용하지 않읍니다. 예를 들면 친하게 지내는 친구이 생일 파티를 몰래 준비하여 놀래주거나 상대가 기대하지 않던 선물을 주거나 할때 사용하는 것입니다.

　예 : I am planning a surprise birthday party for my boyfriend. (보이 프렌드를 위하여 깜짝 놀랄 만한 버스데이·파티를 해 줄 생각입니다.)

　friendship ring 이란 결혼 반지와는 조금 의미가 다른 것입니다. 이 반지는 나이가 어리기 때문에 곧 약혼하

거나 결혼할 수 없지만 장래를 약속하는 뜻으로 상대
에게 주는 것입니다.

미국 고등 학교 학생들은 크라스·링 (학교명·졸업
년도를 쓰고 안쪽에 자신의 이름을 새겨 넣은 링)을 교
환하여 장래를 약속합니다.

Wear는 이 경우 '끼다' 입니다만 '양복을 입다'라는
경우에도 씁니다. 그러므로 wear는 '언제나 몸에 착용
한다'라는 의미를 포함하고 있는 것입니다.

예 : She is always wearing the pair of blue jeans.

(그녀는 언제나 같은 블루진을 입고 있습니다.)

‘잊지 말아 주셔요’는 Don't forget me. 이지만 긍정적으로 remember (기억하다)를 사용하여, please remember me. 라고 하는 것이 효과적입니다.

tie down to는 직역하면 ‘~을 묶다’ 라는 의미이지만 이 경우에는 약혼을 하다는 의미로 쓰인 것입니다.

with this ring~이란 결혼식에서 반지 교환을 할 때 사용하는 말이지만 이 경우 일부러 그가 자신들의 결혼식을 연상시키기 위하여 사용한 것이겠지요. 좀 짓궂은 말이지만 효과가 있을 것이라고 생각합니다.

for our future (우리들의 장래를 위하여) 라고 하는 것은 좀 강요하는 듯한 느낌이 있지만 이 정도의 적극성은 필요하겠지요.

‘약혼하다’는 영어로 get engaged이다.

예 : Did you get engaged ?
     (당신은 약혼했습니까 ?)

One point advice

사랑은 줄다리기입니다. 상대의 마음을 잘 읽어 타이밍을 잘 맞추어 행동해야 합니다. 잠시 해외 여행 등으로 떨어져 있는 동안에 상대의 마음이 변하지 않도록 해 두어야 하는 것입니다. 이 경우 하와이에서

우정의 반지를 사와 그녀를 기쁘게 하여 장래의 약속
을 청하고 있습니다. 매우 적극적이지만 또한 상대의
기분을 이해하여 '언제까지나 기다리겠습니다'라고 상
대에게 알려 놓은 것은 매우 잘 한 일입니다.

XII. CHRISSY ACCEPTS THE FRIENDSHIP RING FROM KWANGSOO

My Dear SOO,

Thank you for all the *omiyage* you bought for me from Hawaii. I was very surprised but happy to receive the Hawaiian ring. It is just beautiful! I really wanted to buy this ring myself, as I saw it at the Hawaiian Fair in Seoul last year. Thank you very much, SOO.

I don't know what I should say about our engagement since it will be four or five years from now. But because I like you very much, I will accept this friendship ring and wear it all the time. You are so thoughtful and kind!

I look forward to seeing you again soon.

Love,
Chrissy

크리시는 광수로부터의
우정의 반지에
기뻐한다

친애하는 광수

하와이로부터의 선물 감사했습니다. 그 하와이안 링을 받고 깜짝 놀랐습니다. 매우 기뻤습니다. 매우 멋졌읍니다.

작년 서울 하와이안 페어에서 보고 나도 그 반지를 사야지 하고 생각하고 있었던 참이었습니다. 정말 고마워요, 광수.

약혼에 관해서는 아직 4,5년 후의 일이므로 무엇이라고 말해야 좋을지 모르겠습니다. 그러나 나는 당신을 매우 좋아하고 있으므로 이 우정의 반지를 기쁘게 받고 언제까지나 끼고 있으리라고 생각합니다. 당신은 무척 생각이 깊고 친절하군요.

또 곧 만날 날을 기대하고 있습니다.

사랑을 담아
크리시

クリッシーは洙からのフレンド
シップ・リングに喜ぶ

親愛なる　洙

　ハワイからのおみやげ，ありがとうございました。あの
ハワイアンリングを受けとって，びっくりしました，でも，
とてもうれしかったです。とってもステキですね。去年，
ソウルのハワイアンフェアーで見て,私もこのリングを自分
で買おうと思っていたところでした。どうもありがとう.
光洙。

　婚約については，まだ4，5年先のことになるので何と言
っていいかわかりません。でも私はあなたが大変好きです
から，このフレンドシップ・リング（友情の指輪）を喜んで
お受けし，いつもつけていようと思います。あなたはとて
も思いやりがあって親切ですね。

　またすぐにお会いすることを楽しみにしています。

愛をこめて
クリッシー

❶ because~를 문장 앞에 쓴 것은 그가 좋아하고 있는 이유를 강조하기 위해서입니다.

One point advice

　연애 관계를 계속하면 반드시 끝내는 약혼이라든가 결혼이라는 말이 오가게 되겠지요? 이때가 누구에게나 인생에 있어서 가장 중요한 때이며 생각이 깊어지는 때입니다. 그리고 지칫하면 평생 후회하며 지내게도 되지요. 특히 틴·에이지 때에 약혼하고 나서 그 후 각기 다른 대학에 다니거나 일로 멀리 떨어지거나 하면 연애 관계에 금이 가기도 합니다. 그러므로 크리시와 광수는 일단 우정의 반지로 그치고 서로를 좀 더 잘 알기 위하여 한발한발 조심스럽게 내디뎌야 할 것입니다.

Chapter 3

마이크와 순자

즐거운 하와이 여행에서
우연히 만난 두 사람, 그러나
마이크의 적극성에 순자가
한 발 앞서갔다. 사랑은 이렇
게 하여 완성되는 것일까?

Ⅰ.SOONJA WRITES MIKE HER FIRST LETTER

Dear Mr. Mike,

❶　How are you? How did you enjoy your vacation in Hawaii? I'm sure that you enjoyed your vacation as much as I did. I was so glad that we were seated together on the KOREA Air Lines' flight to Honolulu. And it was a lucky coincidence that we ran into each other at the Polynesian Show the following day. My trip to Hawaii was filled with wonderful memories.

❷　If you have time, I would like to meet you again. I took many pictures in Hawaii. And of course, I have some pictures of you at the show. The pictures came out very well. Please write and tell me when you can get together with me. I want to show you all the pictures. My friend, NAMI, will join us. I'm sure you remember her because you met her in Hawaii.

　I look forward to seeing you soon.

Your new friend,
SOONJA

순자가 마이크에게 처음으로 편지를 쓴다

마이크에게

안녕하셔요? 하와이에서의 바캉스는 즐거우셨어요? 분명 저와 마찬가지로 즐거우셨으리라 믿어요. KAL의 호놀루루편에서 같이 앉을 수 있어 매우 기뻤습니다. 그리고 다음날 폴리네시안·쇼에서 우연히 또 만난 것은 행운이었어요.

나의 하와이 여행은 멋진 추억으로 가득했습니다.

시간이 있다면 다시 한번 만나고 싶습니다. 하와이에서 사진을 많이 찍었습니다. 그리고 물론 그 쇼에서 찍은 당신 사진도 조금 있습니다. 사진은 매우 잘 나왔습니다. 언제 저와 만날수 있는지 편지로 알려 주십시오. 사진을 전부 보여 드릴 생각이니까요. 나의 친구 나미도 함께 가겠습니다. 그녀와는 당신도 하와이에서 만났으므로 기억하고 계시겠지요

곧 만날 수 있기를 기대하고 있습니다.

당신의 새 친구

순자

順子からマイクへ初めて
の手紙

マイクさん
　お元気ですか。ハワイのバカンスは楽しかったですか。
きっと私と同じように楽しまれたことでしょうね。KALの
ホノルル行きの便で同席できてとてもうれしかったです。
そして次の日に，ポリネシアン・ショーで偶然またお会い
できたのはラッキーでしたね。私のハワイ旅行は，すばら
しい思い出でいっぱいでした。

　時間があったら，もう一度お会いしたいと思います。ハ
ワイでたくさん写真を撮りました。そして，もちろんあの
ショーで撮った，あなたの写真も少しあります。写真はと
てもよくとれています。いつ，私に会っていただけるか，
お手紙でお知らせください。写真を全部お見せしたいと思
いますから。私の友達の　羅美 さんも，いっしょに来ます。
彼女にはあなたもハワイで会っているので，きっと覚えて
いらっしゃるでしょう。
　すぐにお会いできることを楽しみにしています。
　　　　　　　　　　　　　　あなたの新しい友達
　　　　　　　　　　　　　順子

❶ How did you enjoy~는 '얼마나 즐거우셨습니까'라는 의미입니다. 이것은 무엇인가 즐거운 일을 했거나 여행에서 돌아온 사람에게 질문으로써 자주 사용하고 있습니다.

　예 : How did you enjoy a trip to seoul ?
　　　(서울 여행은 어땠습니까?)
　　　How did you enjoy your dinner at the seafood restaurant ?
　　　(시프드·레스토랑에서의 저녁 식사는 어땠습니까?)

as much as ～는 '～와 마찬가지로 많이'라는 의미입니다.

　예 : She spent as much as I did for shopping in Hawaii.
　　　(하와이에서 그녀는 나와 마찬가지로 쇼핑에 많은 돈을 썼습니다.)

Lucky coincidence 는 '행운의 우연한 만남'이라는 의

미로, 기대하지 않은 때에 친구와 만난다거나 즐거운 일이 일어나는 경우에 자주 사용되는 표현입니다.

  예 : It was a lucky coincidence that I met my friend when I lost my wallet.

      (지갑을 잊어버린 때에 우연히 친구와 만나 다행이었다)

run into 는 '우연히 만나다'라는 의미입니다. 이 표현은 속어적이지만 자주 회화 속에서 사용됩니다.

  예 : I ran into my classmate at the Disneyland.

      (디즈닐랜드에서 우연히 동급생을 만났다.)

filled with~는 '~으로 가득'이라는 의미입니다.

  예 : My life is filled with joy.

      (나의 인생은 기쁨으로 가득하다.)

❷ I have some pictures of you 를 직역하면 '당신의 사진을 몇장인가 가지고 있읍니다'라는 뜻이 되지만 영어에서는 이 경우, There are 보다도 I have 라고 쓰는 편이 정확합니다.

come out well은 사진이 잘 나왔다는 의미입니다.

예 : The design of a new calender came out very well.
  (새 카렌더의 디자인은 매우 좋았다)

join us는 '동행하다'라는 의미로 어떤 사람이 자신들의 그룹에 끼게 될 때 사용합니다.

예 : My friend and I are going to a Chinese erstaurant fordiner. Would you join us ?
  (친구와 중화 요리집에서 저녁식사를 할 것인데 함께 가지 않겠습니까 ?)

One point advice

　해외 여행지에서 멋진 사람과 만났다면 조금 용기를 내어 편지를 써 봅시다.

　이 예에서는 비행기에서 옆자리에 앉고 포리네시아·쇼에서 또 만난 남성에게 여성이 편지를 쓰고 있습니다. 이런 때에는 사진을 보내고 싶다거나 다른 이유를 붙여 만날 기회를 만들어야겠지요. 처음 편지의 내용이 너무 적극적이면 곤란하므로 주의하셔요.

II.MIKE ANSWERS SOONJA'S LETTER

Dear SOONJA,

❶   I am very excited to hear from you. My vacation in Hawaii was wonderful! Remember how much fun we had talking about many different things. I felt like we had known each other for a long time, although we had just met on the KAL flight. You are such a charming girl! I certainly enjoyed the show with you and Naomi.

❷   I would love to get together with you. Can we meet at the Almond Coffee Shop in Chong-ro next Saturday evening at about 6 o'clock? I can't wait to see the pictures you took in Hawaii.

   Thank you for writing to me. See you again soon.

Your friend,
Mike

순자에게 마이크는 답장을 보낸다

순자에게
당신의 편지를 받고 흥분했습니다.
나의 하와이 휴가는 멋진 것이었습니다. 여러 가지에
대하여 이야기할 수 있었고. 매우 즐거웠습니다. 단지
비행기에서 만났을 뿐인데 서로 오랫동안 알고 지낸듯
한 느낌이 들었습니다. 당신은 매우 매력적인 여성입니
다. 당신과 나미와 함께 했던 쇼도 매우 즐거웠습니다.

기꺼이 만나고 싶습니다. 내주 토요일 6시경 종로에
있는 커피숍에서 만날 수 있을까요. 당신이 화와이에서
찍은 아몬드 사진을 보는 것이 기대됩니다.
편지 감사합니다. 그럼 또 곧 만날수 있겠지요.

당신의 친구
마이크

順子へのマイクの返信

順子へ

あなたの手紙を受け取りエキサイトしています。僕のハワイ・バケーションはすばらしいものでした。いろいろなことについて話ができて，とても面白かったですね。KALの便で会ったばかりだったのに，お互いが長い間の知り合いのような気がしました。君は，なんてチャーミングな女性なんでしょう。君となおみといっしょだったショーも本当に楽しかったです。

喜んでお会いしたいと思います。来週の土曜日の6時ごろ，　鍾路のアマンドコーヒーショップでお会いできますでしょうか。君がハワイでとった写真を見るのが楽しみです。

お手紙ありがとう。ではまたすぐにお会いしましょう。

あなたの友
マイク

❶ hear from~은 직역하면 '~으로부터 들다'이지만 '편지를 받다'라는 때에도 쓰입니다.

　예 : Did you hear from him lately ?
　　　(최근 그로부터 편지 받았나요 ?)

remember는 '기억하다'라는 의미로 함께 여러 가지 일을 한 상대에게 '그런 일이 있었지'라고 말할 때 사용합니다.

　예 : Remember he was such a popular boy in high school.
　　　(기억하지, 그는 고등 학교 때 매우 인기가 있었
　　　 잖아)

I felt like~는 '~과 같은 느낌이다'라는 의미로 또, I felt as if~ 라고도 씁니다.

　예 : I felt like I was there before.
　　　(전에 그곳에 갔던 것 같은 느낌이 든다)
　　　I felt as if you were me older brother.
　　　(당신이 형과 같이 느낌이 든다.)
　　　I feel like eating a big steak.
　　　(큰 스테이크를 먹고 싶다.)

❷ 문법적으로는 Can we meet 대신에 Shall we meet 라고 하는 것이 옳을지도 모르지만 구어적으로는 can 을 사용하는 경우가 많습니다.

　예 : Can We meet again next week ?
　　　(내주 다시 한번 만납시다.)

can't wait to see~를 직역하면 '~을 기다릴 수가 없다'이지만 의역하면 '~이 기대되다'가 됩니다.

예 : I can't wait to meet you in Paris.
　　(파리에서 당신과 만날 것이 기대된다)

III. MIKE WRITES HIS FIRST LOVE LETTER TO SOONJA

My Sunshine,

❶   May I call you "My Sunshine" from now on? Because you are always so cheerful, I think this is a good nickname for you. Anyway, I want to tell you how happy I was to see you again at the Almond. You are a good photographer! And thank you for those pictures that you took of me at the Polynesian Show. I particularly like the picture NAMI took of you and I together. You are very pretty in that picture.

❷   Miss SOONJA, I have met many Japanese girls, but I have never met anyone so wonderful like you. You are very beautiful and have a good personality. I want to know you more intimately, because I like you very much.

Next weekend I am planning to drive to Namsan with my friends from San Francisco. I would like you to come along with me if you have time. You can practice your English with my friends.

Lovingly yours,
Mike

마이크는 첫 러브 레터를 순자에게 보낸다

나의 선샤인

당신을 앞으로 '나의 선샤인'이라고 불러도 되겠습니까? 당신은 언제나 밝으므로 이것은 당신에게 딱 맞는 애칭이라고 생각합니다. 아뭏든 당신과 아몬드에서 또 만난 것이 얼마나 즐거웠는지 전하고 싶은 것입니다.

당신은 사진을 잘 찍더군요. 또 플리네시안·쇼에서 찍어 준 나의 사진 감사합니다. 특히 나미가 당신과 나를 함께 찍어준 사진이 가장 좋습니다. 그 사진의 당신은 매우 아름답기 때문입니다.

순자씨, 나는 많은 여성과 만났지만 당신 처럼 멋진 사람과는 지금까지 만난 적이 없습니다. 당신은 매우 아름답고 마음씨가 상냥한 사람입니다. 나는 당신이 좋으므로 좀 더 깊이 당신을 알고 싶습니다.

다음 주말에 센프란스코에서 온 친구와 남산 드라이브 계획을 세웠습니다.

시간이 있으시다면 함께 가고 싶습니다. 당신은 나의 친구와 영어 연습도 할 수 있을 것입니다.

사랑하고 있습니다.

마이크

マイクは初めてのラブレターを順子に送る

僕のサンシャイン

　あなたのことをこれから，「僕のサンシャイン」と呼んでもいいですか。君はいつもとても明るいから，これは君にぴったりのニックネームだと思います。とにかく，君とアマンドでまた会えたことがどんなに楽しかったか伝えたいのです。君は写真を撮るのが上手ですね。またポリネシアン・ショーで撮ってくれた僕の写真ありがとう。特に　羅美が君と僕をいっしょに撮ってくれた写真が，とても好きです。あの写真の君はとても美しいから。

　順子さん，　僕はたくさんの日本の女性に会ったけれど，君のようにすばらしい人には，今まで会ったことがありません。君は，とても美しく，気だてのやさしい人ですね。僕は君が好きだから，もっと深く君を知りたいのです。

　次の週末に南山へサンフランシスコの友達とドライブするプランをたてています。時間があったら，君にいっしょに来てもらいたいのです。君は，僕の友達と英語の練習もできますよ。

愛しています
マイク

❶ from now on은 '앞으로'라는 의미입니다.

예 : I will call you every day from now o

　　(앞으로 당신에게 매일 전화하지요.)

photographer는 엄밀하게 말하면 '사진사'를 가리킵니다. 그러나 아마츄어로 사진을 잘 찍는 사람도 good photographer 라고 부릅니다. 이 경우에 카메라맨이라고 부르지는 않습니다.

❷ good personality는 '좋은 성격'이라고 해석되지만 이것에는 마음씨가 상냥하다, 순진하다 라는 의미가 포함되어 있읍니다. (최근 TV 사회자등을 personality라고 부르고 있는데 이것은 유명인, 탤런트라는 의미로 정확하게는, TV personality라고 부릅니다.)

intimately는 '개인적으로, 친밀하게' 라는 의미도 있읍니다만 연인사이에서는 깊이 사귀고 싶다는 표현으로 자주 쓰입니다.

예 : Mike is very intimate with Julie

　　(마이크는 줄리와 매우 친한 사이입니다.)

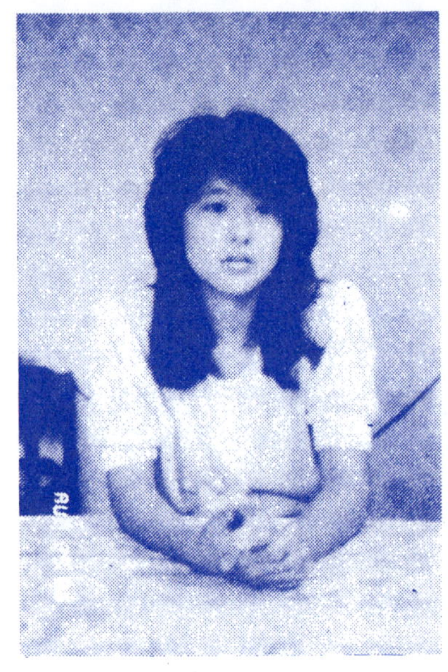

══ One point advice ══

　미국 남성은 My sunshine, My darling, Sweetie pie, My precious 등의 애칭을 사용하여 여성의 기분을 좋게 해 줍니다. 한국 남성이 사용하면 좀 우습게 들릴지도 모르지만 이와 같은 단어를 잘 사용하면 짧은 말도 여성의 마음을 움직일 수가 있을 것입니다.
　또 남성은 좋아하는 여성에 대해서는 조금 과한 느낌이 있더라도 '당신은 아름답다' '마음씨가 곱다' '당신처럼 귀여운, 사랑스런 사람과 만난 적이 없다' 등의 칭찬을 많이 하는 것이 좋겠지요.

IV.SOONJA ACCEPTS MIKE'S INVITATION TO GO DRIVING

Dear Mike,

❶   I am glad to know that you enjoyed meeting NAMI and me at the Almond. You were so funny when you talked about our experience in Hawaii. I don't know what to say about the nickname you gave me, because I don't know what it really means. I hope it is a good nickname. I am so flattered that you find me attractive. I think you are handsome, too.

   I will be happy to go driving to Namsan with you next weekend. Would you please tell me when we are leaving seoul? You can call me at my house in the evening.

Sincerely,
SOONJA

순자는 드라이브 가자는 마이크의 권유를 받아들인다

마이크에게

당신이 나미와 나를 아몬드에서 다시 만난 것을 기뻐하고 있다는 것을 알고 기쁘게 생각하고 있습니다. 하와이의 이야기를 할 때의 당신은 매우 재미있었습니다. 당신이 붙여주신 애칭에 대해서는 무엇이라고 말씀을 드려야 좋을지 모르겠습니다. 그것은 그것이 진짜 어떤 의미인지 모르기 때문입니다. 좋은 애칭이지만. 당신이 나를 매우 매력적이라고 생각해 주어 매우 기쁩니다. 당신도 핸섬하다고 생각하고 있습니다.

다음 주말 남산 드라이브는 기쁘게 함께 가겠습니다. 언제 서울을 출발할 것이지 가르쳐 주십시오.

밤에 저의 집에 전화해도 괜찮습니다.

그럼 이만

순자

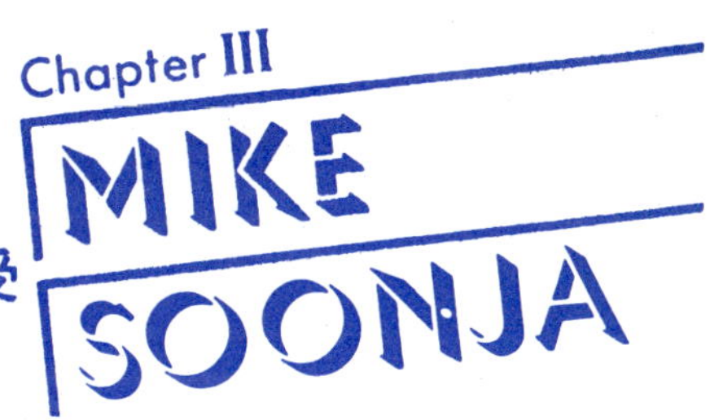

順子はドライブに行こうというマイクのさそいを受ける

マイクさん

　あなたが，　羅美さんと私とアマンドで再会して喜んでいらっしゃることを知り，うれしく思います。ハワイの話をしたときのあなたはとてもこっけいでした。あなたのつけてくださったニックネームについては，何と申し上げたらよいかわかりません。というのは，それが本当にどういう意味なのかわからないからです。良いニックネームだといいのですが。あなたが私をとても魅力的だと思ってくださることは大変うれしいです。あなたもハンサムだと思います。

　次の週末の南山へのドライブには，喜んでごいっしょさせていただきます。いつソウルを出発するのか教えてください。夜分，私の家にお電話くださってけっこうです。

かしこ

順子

❶ You are funny라고 상대를 마주 보고 말할 때는 '당신은 이상한 사람이군요'가 아니고 '당신은 명랑한 사람이군요'라는 의미입니다.

I don't know what to say about~은 '나는 ~에 대하여 무슨 말을 해야 좋을지 모르겠다'라는 의미로 그 어떤 이유로 자신의 의견을 확실히 말할 수 없을 때에 사용합니다.

　예 : I don't know what to say about your decision to marry Mike.
　　　(네가 마이크와 결혼한다는 결심에 대하여 뭐라고 말을 해야 좋을지 모르겠다.)

find~attractive는 '매력적인 것을 찾아내다'라는 의미입니다. 이 표현은 자주 '~가 매력적으로 보인다'라는 때에 쓰입니다.

　예 : John finds Kathy very attactive in her black dress.
　　　(죤은 검은 드레스를 입고 있는 케시를 매우 매력적이라고 생각한다.)

One point advice

　남성이 칭찬해 주면 섣불리 겸손한 태도를 보이지 말고 '감사합니다'라고 솔직하게 표현해야 합니다. 또 남성에 대하여 '당신은 좋은 사람이군요' '상냥한 분이군요'라고 말해 주어도 매우 기뻐할 것입니다.

　친구에게 집에 전화하라고 할 때는 몇 시쯤 걸라는 것을 가르쳐 주는 것이 예의입니다. 없을 때 몇번이나 전화를 걸게되면 곤란하니까.

Ⅴ.MIKE TELLS SOONJA THAT HE LOVES HER

Hi, My Sunshine !

❶   After I dropped you off at your house, I have been thinking about you. Because I can't fall asleep, I thought I should write you a short letter to tell you how much I love you. Even though we met only few times, I am so much in love with you. I have never felt this way for anyone else before. You are the "Angel of Happiness" whom I have been waiting for. My friends also thought you are a sexy and an intelligent girl !

❷   SOONJA-san, I can't wait to see you ! I will take a day-off from my work on Friday so that you and I can drive to Namsan for a long weekend.

    I love you and miss you so much.

With all my love,
Mike

마이크는 순자에게
사랑의 고백을 한다

안녕 나의 선샤인 !

당신을 집에 데려다준 다음 나는 당신에 대해 쭉 생각하고 있습니다. 나는 잠을 이룰 수 없어 당신을 얼마나 사랑하고 있는지를 전하기 위해 짧은 편지를 쓰기로 했읍니다. 우리들은 아직 2, 3번 밖에 만나지 않았지만 나는 정말 당신을 좋아하게 되었읍니다. 다른 누구에게 이런 기분이 된 적은 전혀 없었읍니다.

당신은 내가 기다리고 있던 '행복의 천사'입니다. 나의 친구도 당신을 매력적이고 현명한 여자라고 생각한다고 했읍니다.

순자씨 ! 나는 당신을 만날 날을 매우 기다리고 있습니다. 나는 당신과 둘이서만 남산을 드라이브하며 긴 주말을 보낼 수 있도록 금요일에 휴가를 얻을 것입니다. 나는 당신을 매우 사랑하고 그리워하고 있습니다.

사랑을 담아
마이크
○×○×○×

マイクの順子への
愛の告白

ハイ，僕のサンシャイン

　君を家に送ってから，僕は君のことをずっと考えていました。僕は，眠れないので，君のことをどんなに愛しているかということを伝えるために，短い手紙を書くことにしました。僕たちはまだ2，3度しか会っていないけれど，僕は本当に君が好きになってしまいました。他の誰に対しても，こんな気持になったことは，全くありませんでした。あなたは僕が待っていた〝幸福の天使〞です。僕の友達も，君のことをセクシーで聡明な女性だと思ったそうです。

　順子さん，　僕はあなたに会うことが待ち遠しくて仕方ありません。僕は君と2人だけで南山にドライブし，長い週末を過ごすことができるように，金曜日は休みをとりました。

　僕は君が好きで恋しくて仕方がありません。

　　　　　　　　　　　愛をこめて
　　　　　　　　　　　マイク
　　　　　　　　　　　○×○×○×

♡

❶ Drop you off는 pick you up의 반대로 '차로 데려다 내려주다'라는 의미로 사용됩니다.

　예 : Could you drop me off at the nearest subway station?

　　　(가장 가까운 지하철역까지 태워다 내려주시지 않겠습니까?)

I thought I should~는 직역하면 '나는~을 해야한다고 생각한다'가 되지만 이 표현은 '나는~하는 편이 좋다'라는 느낌으로 씁니다.

　예 : I thought I should do to bed early tonight.

　　　(오늘 밤 일찍 자는 것이 좋을 것이라고 생각한다.)

❷ take a day-off from work는 '일에서 하루 휴가를 얻다'라는 의미입니다. 2, 3일 쉴 때는 day-off라고 하지 vacation이라고 하지는 않습니다.

예 : I took a few days-off to go Seoul.
　　(서울에 가기 위해, 2, 3일 휴가를 얻었다.)
　　Mr. Smith took three week vacation to tour around Korea.
　　(한국을 여기저기 여행하기 위하여 스미스씨는 3주일 동안 휴가를 얻었습니다.)

▲

┌─ **One point advice** ─┐

　사랑을 고백할 때는 기회를 놓쳐서는 안됩니다. 그러나 그 타이밍이 너무 이르면 모처럼의 로망스도 엉망이 되어 버립니다.
　이 예문에서 마이크는 상대의 기분을 묻지도 않고 너무 적극적으로 나오고 있다는 것을 알수 있지요.
　마이크의 싸인 아래에 ○와 ×가 몇개 써 있는 것은 ○은 embrace(꼭껴안다)를, ×는 Kiss를 의미하며 ○과 ×의 수만큼 꼭 껴안고 키스하고 싶다는 것을 뜻하는 것입니다.

VI. SOONJA DECLINES MIKE'S INVITATION TO GO TO NAMSA

Dear Mike,

❶   Thank you for telling me frankly how you feel about me. I also think you are a very nice person, but I cannot go to Namsan with you. I really don't mean to hurt you, but I cannot accept your love so easily and so fast. The other night when you hugged and kissed me, I felt very uncomfortable. I am not ready to have an intimate relationship with you. I don't love you that much. I think we should not see each other anymore.

Sincerely,
SOONJA

순자는 마이크가 남산에 가자고 한 것을 거절한다

마이크에게

나를 어떻게 생각하고 있는지 분명히 말해 주어 감사합니다. 저도 당신을 매우 좋은 분이라고 생각하고 있읍니다만 남산에 함께 갈 수 없읍니다. 당신에게 상처를 줄 생각은 전혀 없읍니다만 당신의 사랑을 그렇게 간단하게 그리고 그렇게 일찍 받을 수는 없읍니다. 그날 밤 당신이 저를 꼭안고 키스를 해 주었을 때 매우 곤란했읍니다. 나는 아직 당신과 깊은 관계를 가질 수는 없읍니다. 나는 당신을 그만큼 사랑하고 있지 않읍니다. 더 이상 만나지 않는 편이 좋을 것이라고 생각합니다.

그럼 이만
순자

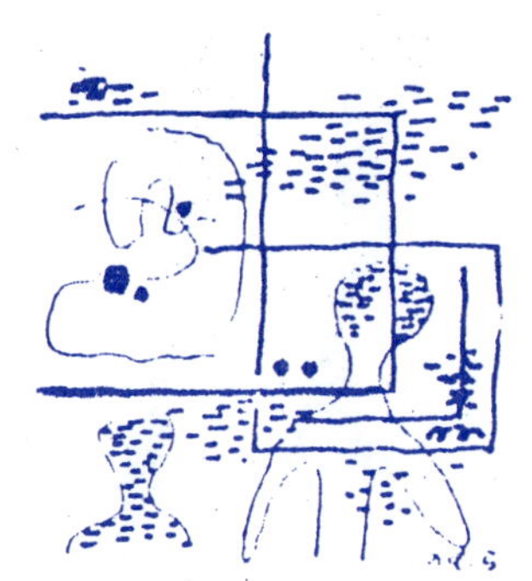

順子はマイクの南山へ行こうというさそいをことわる

マイクさん

　私をどのように思っているか，はっきりおっしゃってくださってありがとうございます。私も，あなたが大変良い人だと思いますが，南山にはごいっしょできません。あなたを傷つけるつもりは全くありませんが，あなたの愛をそんなに簡単に，そしてそんなに早く，お受けすることはできません。この間の晩，あなたが私をだきしめ，キスをしてくれたとき，とてもいやな感じを受けました。私はまだあなたと深い関係を持つことはできません。私はあなたをそれほど愛していません。もう，お互いに会わないほうが良いと思います。

かしこ
順子

 I feel uncomfortable을 직역하면 '나는 불쾌함을 느꼈다'가 되지만 '곤란했다' '침착할 수 없다'라고 사용됩니다.

　예 : I feel uncomfortable among strangers.

　　　(모르는 사람들이 있는 곳에서는 침착할 수 없다.)

I am not ready to~는 '~할 준비가 되어 있지 않다'라는 의미입니다.

　예 : I am not ready to get married.

　　　(아직 결혼하기에는 너무 이르다.)

One point advice

　사랑을 끊을 때는 확실하게 하는 것이 서로에게 좋습니다. 인간은 누구나 자신에게 편리한 대로 생각하기 쉽기 때문에 처음부터 오해가 없도록 주의해야 합니다. 이 예문의 순자는 상대에게 상처를 주지 않게끔 능숙하게 거절하고 있습니다. '당신은 매우 좋은 사람이지만' 이라든가 '당신에게 상처줄 생각은 전혀 없습니다' 등의 표현을 한 다음 마이크의 사랑 고백을 거절하는 이유를 쓰고 있습니다. 자신에게 가장 잘 맞는 멋진 연인을 찾기 위해서는 다소의 고통도 각오해야 합니다. 한두 번 실연했다고 해서 좌절하지 말고 그 이상의 멋진 연인을 찾도록 해야 할 것입니다.

부 록 ─────────────────────
USEFUL WORDS AND EXPRESSIONS
도움이 되는 사랑의 표현 이것저것

I. SALUTATIONS(편지의 인삿말)

Dear—어떤 경우에도 쓸 수 있는 '친애하는'
My Dear—친애하는 (친한 친구나 연인에게)
My Dearest —가장 친애하는
My Sweetheart—스윗 · 하트(보통, 여성에 대하여)
My Sunshine—나의 태양 (보통, 여성에 대하여)
My Angel—나의 천사 (보통, 여성에 대하여)
My True Love—트루 · 러브 (애인, 연인에게)
My Sweetie Pie—파이처럼 달콤한 애인
My Darling—나의 사랑스러운 사람
My Precious—나에게 있어서 소중한 사람
My Friend—나의 친구
My Dear Friend—나의 친애하는 친구
My Dearst Friend—나의 가장 친애하는 친구
My New Friend—나의 새 친구
My Cupcake—컵케잌(처럼 달콤하고 귀여운)
My Foxy Lady—폭시 · 레이디(은빛 여우처럼 아름답고 매력적인)
(각각 My는 생략 가능)

Ⅱ. EXPRESSIONS OF LOVE(사랑의 표현)

I like you.
당신을 좋아합니다.
I like you very much.
당신을 매우 좋아합니다.
I like you so much.
당신을 매우 좋아합니다.
I love you.
당신을 사랑합니다.
I like you very much.
당신을 매우 사랑합니다.
I love you so much.
당신을 매우 사랑합니다.
I Long for you.
당신을 사랑합니다.
I am crazy about you.
나는 당신에게 빠졌읍니다.
I care for you.
당신을 매우 좋아합니다.(당신을 위해서 무엇이든 하겠읍니다.)
You are so dear to me.
당신은 내게 있어서 매우 소중한 사람입니다.
You are so precious to me.
당신은 내게 있어서 매우 귀중한 사람입니다.
You are really important to me.
당신은 내게 있어서 정말 중요한 사람입니다.

You are my destiny.

당신은 내 운명(내 인생은 결정한 사람)입니다.

I am in love with you.

나는 당신에게 빠졌읍니다.

I am madly in love with you.

당신에게 열중하고 있읍니다.

I love you with all my heart.

진심으로 당신을 사랑하고 있읍니다.

You are the most beautiful girl in the world.

당신은 세상에서 가장 아름다운 여성입니다.

You have a beautiful smile.

당신의 웃는 얼굴은 아름답습니다.

You are a terrific dancer.

당신은 춤을 멋지게 잘 추는군요.

You are so sweet !
당신은 정말 상냥하군요.
You are very kind to me.
당신은 매우 친절하군요.
You are so thoughtful.
당신은 참으로 생각이 깊은 분이시군요.
You look so lovely in that drees.
그 드레스를 입으니 매우 사랑스럽군요.
You are beautiful like a princess in a fairly tale.
당신은 동화책에 나오는 공주님 처럼 아름답습니다.
You are a wonderful date.
당신은 멋진 상대입니다.
You mean so much to me.
당신은 내게 없어서는 안될 소중한 사람입니다.
You are my valentine!
당신은 나의 발렌타인(연인)입니다.
You have a good sence of humor.
당신은 매우 유모어가 풍부한 사람이군요.

You have good taste.

당신은 매우 취미가 훌륭한 사람이군요.

I really enjoyed meeting you.

당신과 만나 매우 즐거웠습니다.

I need you love.

당신의 사랑을 원합니다.

I dream of your kisses.

당신의 키스를 꿈꾸었습니다.

I am desperate with you.

당신 없이는 어찌해야 좋을지 모르겠습니다.

I have never met anyone like you.

당신같이(멋진) 사람과 만난 적은 없습니다.

I appreciate youe friendship.

당신이 우정에 감사하고 있습니다.

I miss you very much.

당신이 매우 그립습니다.

I can't live another day without you.

당신 없이는 하루도 살아갈 수 없습니다.

You turn me on when you wear that perfume.

당신이 그 향수를 뿌리면 나는 정신이 빠져 버립니다.

I love you more than anything else in the world.

세상에서 무엇 보다도 당신을 가장 사랑합니다.

I love you from deep in my heart.

당신을 진심으로 사랑하고 있습니다.

I love you most of all.

무엇보다도 당신을 사랑하고 있습니다.

You are the most beatiful thing that ever happend to me.

당신과 만난 것은 내 일생에서 가장 멋진 일입니다.

I live you and I always will.

언제까지 언제까지나 사랑합니다.

My live will always be there for you.

나의 사랑은 언제나 당신 곁에 있습니다.

I love you forever.

당신을 평생 사랑합니다.

Ⅲ. ADMIRATION ANd FIATTERY(칭찬의 단어)

beautiful—아름답다
pretty—곱다
cute—귀엽다
good-looking— 핸섬한, 잘생긴
handsome—잘생긴
foxy—매력적인, 아름다운
sexy— 섹시한
charming—챠밍한, 매력적인
cheerful—밝은
pleasant—느낌이 좋은
warm—hearted—마음이 따뜻한
intellgent—지적인
gorgeous— 화려한
ravishing— 황홀케 하는
Lively— 사랑스러운
delightful— (함께 있으면) 즐거운
wonderful —멋지다

IV. CIOSING(편지의 맺음말)

Sincerely—경구(敬具—친구에 대하여)
Sincerely yours,—경구(좀 가까운 때)
Truly yours,—경구(비지니스·레터 등에)
Very truly yours,—경구(상대에게 경의를 표할 때)
Always,—언제나(당신의 친구인)
Yuors always,—언제나 당신의 친구
Love,—사랑을 담아
With all my love—나의 사랑 모두를 담아
Lovingly yours,—사랑을 담아 (구어적인 표현)
Affectionately yours,—애정을 담아
Millions of kisses,—많은 키스를(당신에게)
Friends always,—언제나 당신의 친구인
Love always,—언제나 사랑하는
Always and forever yours,—영원히
Your truly loving—진심으로 당신을 사랑하는(이름)
　○×○×○×○×○×○×—꼭 껴안고 키스(○와 ×
의 숫자만큼)

해외 이메일 • 펜팔 가이드

2004년 5월 20일 재판
2004년 5월 30일 발행

엮은이 • 해외펜팔연구회
펴낸이 • 최　　상　　일
펴낸곳 • 태 을 출 판 사

주　소 • 서울특별시 강남구 도곡동 959-19
등　록 • 1973 1.10(제4-10호)

ⓒ1999. TAE-EUL publishing Co.,printed in Korea
※파본 낙장본은 교환해 드립니다.

■ 주문 및 연락처
우편번호 100-456
서울 특별시 중구 신당 6동 제52-107호(동아빌딩내)
전화 • 2237-5577　팩스 • 2233-6166

ISBN 89-493-0259-4　13750